Sich durchsetzen

Susanne Dölz

Carmen Kauffmann

2. Auflage

Haufe.

Inhalt

**Das kleine Einmaleins
für Ihre Durchsetzungsfähigkeit**   7
- Gut sein alleine reicht nicht mehr   8
- Die 10 Kennzeichen persönlicher
  Durchsetzungsfähigkeit   9

So stärken Sie Ihre Persönlichkeit   11
- Nehmen Sie sich ernst!   12
- Stehen Sie zu sich selbst!   16
- Nehmen Sie andere wichtig!   23
- Motivieren Sie sich durch klare Ziele!   29
- Entscheiden Sie sich für eine Veränderung!   39

So überzeugen Sie in der Kommunikation
mit anderen 41
- Grundlagen souveräner Kommunikation 42
- Wie Sie Ihre Gesprächspartner besser ins Boot holen 53
- Wie Sie überzeugend argumentieren 63
- Wie Sie Ihre Körpersprache als
  Kraftverstärker nutzen 70
- Wie Sie eine Gesprächsstrategie aufbauen 74
- Wie Sie schwierige Situationen meistern 92
- Wie Sie Grenzen setzen 103

So verstärken Sie Ihre Wirkungskraft 107
- Machen Sie Werbung für sich selbst! 108
- Nutzen Sie die Macht des ersten Eindrucks! 113
- Stellen Sie sich ins Rampenlicht! 117
- Knüpfen Sie Netzwerke! 122

Inhalt „Sich durchsetzen Training"

Machen Sie sich stark!	**129**
■ Unbewusste Hemmschuhe erkennen	131
■ Gefühle und Körperwahrnehmung nutzen	137
■ Bedürfnisse erkennen	141
Der Ton macht die Musik	**145**
■ Mit Fragen das Gespräch führen	147
■ Bauen Sie Brücken!	153
■ Achten Sie auf Ihre Worte!	163
■ Erfolgreich verhandeln und argumentieren	169
■ Sich als Moderator durchsetzen	177

Wenn Ihr Gegenüber nicht mitspielt **181**
- Eskalation erkennen und vermeiden — 183
- Souverän bei Machtspielen und Blockaden — 187
- Diplomatisch mit Hierarchien umgehen — 191
- Unfaire Angriffe souverän parieren — 197
- Leiten Sie Druck um! — 201
- Sich als Frau durchsetzen — 205

Ihr tägliches Trainingsprogramm **211**
- Bereiten Sie sich gut vor! — 213
- Sprechen Sie Klartext! — 219
- Mit persönlicher Präsenz überzeugen — 231
- Hartnäckig in jeder Situation — 237
- Erfolge feiern – Selbstvertrauen gewinnen — 243

Literaturverzeichnis **248**

Stichwortverzeichnis **249**

Vorwort

Ob in Teams und Projekten, bei Mitarbeitern und Vorgesetzten, bei Kunden und Geschäftspartnern – wer hat nicht das Bedürfnis, souverän zu agieren, angemessene Anerkennung zu bekommen und seine eigenen Interessen zu verwirklichen – kurz, sich durchzusetzen? Aber wie?

Vielleicht haben Sie auch schon die Erfahrung gemacht, dass gute Ratschläge und simple Patentrezepte hier nicht greifen. Denn Durchsetzungsstärke ist eine Kombination aus vielschichtigen Kompetenzen, die Persönlichkeit, Kommunikationsfähigkeit und Auftreten gleichermaßen betreffen.

In diesem TaschenGuide lernen Sie Schritt für Schritt, wie Sie erstens konstruktive Einstellungen zu sich selbst und anderen entwickeln und Ihre Kräfte bündeln, wie Sie zweitens souverän kommunizieren und in Gesprächen strategisch vorgehen, wie Sie drittens sich gut verkaufen und Ihren Marktwert steigern. Damit sind Sie auf dem besten Weg zur Durchsetzung Ihrer persönlichen Ziele. Zahlreiche Checklisten und Übungen unterstützen Sie dabei.

Susanne Dölz

Noch ein Hinweis: Wenn von Gesprächspartnern, Mitarbeitern usw. die Rede ist, geschieht dies zugunsten der besseren Lesbarkeit und Textkürze. Selbstverständlich sind immer Männer und Frauen gleichermaßen angesprochen

Das kleine Einmaleins für Ihre Durchsetzungsfähigkeit

Was bedeutet es, sich durchzusetzen? Etwa, die Ellenbogen zu gebrauchen? Welche Eigenschaften und Fähigkeiten sind wichtig?

Im folgenden Kapitel lesen Sie,

- welche Faktoren wichtig sind, um sich durchzusetzen (S. 8),
- wie es um Ihre eigene Durchsetzungsfähigkeit steht (S. 10).

Gut sein alleine reicht nicht mehr

Sind Sie auch der Ansicht, dass fachliche Kompetenz und gute Arbeitsleistungen die Garantie für Ihren beruflichen Erfolg sind? Falsch! Denn immer mehr qualifizierte Fach- und Führungskräfte drängeln sich mit genau diesen „Zutaten" in der Arbeitswelt. Deshalb kommt es in Zukunft darauf an, sich im Gewusel der Mitbewerber durchzusetzen: durch souveränes Auftreten, gekonnte Kommunikation und gute Beziehungen zu anderen Menschen im beruflichen Umfeld. Erst dann haben Ihre fachlichen Qualitäten eine gute Chance, von anderen bemerkt und anerkannt zu werden.

Ob Sie nun als Angestellter arbeiten oder selbstständig sind: Sie sind gefordert, sich und Ihre Leistungen immer wieder in eine Gewinnerposition zu bringen – in wechselnden Teams und Projekten, bei neuen Vorgesetzten und Arbeitgebern, bei potenziellen Kunden und Geschäftspartnern.

Durchsetzungsfähigkeit: weder Wattebäuschchen noch Stacheldraht

Doch was ist dabei die beste Strategie? Immer-nett-sein bringt Sie ebenso wenig auf die Gewinnerseite wie unfaire Kampfhandlungen. Im ersten Fall nimmt man Sie und Ihre Belange nicht wirklich ernst (und Sie sich selbst auch nicht), im zweiten Fall müssen Sie mit Vergeltungsmaßnahmen der Unterlegenen rechnen.

Durchsetzungsfähigkeit bedeutet, die eigenen Interessen und Ziele zu kennen und angemessen zu verwirklichen. Im Idealfall, ohne die Qualität der sozialen Beziehungen nachhaltig zu beeinträchtigen. Ein Balanceakt, den Sie zwischen Abgrenzung von anderen und Kooperation mit anderen vollbringen müssen.

> Sich mit den eigenen Ideen, Talenten, Fähigkeiten und Zielen durchzusetzen, steigert nicht nur Ihre Wettbewerbsfähigkeit – es bringt Ihnen auch Spaß und Lebensfreude.

Die 10 Kennzeichen persönlicher Durchsetzungsfähigkeit

Was sind nun Erfolg versprechende Faktoren für Ihre Durchsetzungskraft? Prüfen Sie anhand der Checkliste, wo Soll und Haben bei Ihrer Durchsetzungsfähigkeit liegen.

Checkliste: Die wichtigsten Faktoren für persönliche Durchsetzungsfähigkeit

Welche Merkmale treffen auf mich zu?	ja	nein	Kap.
1 Bin ich mir meiner eigenen Stärken bewusst?			2
2 Besitze ich eine positive Einstellung mir selbst und anderen gegenüber?			2
3 Habe ich eine Vision davon, was ich im Leben erreichen will?			2

Welche Merkmale treffen auf mich zu?	ja	nein	Kap.
4 Bin ich mir über meine Interessen und Ziele im Klaren?			2
5 Habe ich die Entscheidung getroffen, mich für meine Ziele und Interessen einzusetzen?			2
6 Verfüge ich über ein gutes Einfühlungsvermögen für die Bedürfnisse von anderen?			2 3
7 Verfüge ich über die kommunikativen Fähigkeiten, um meine Interessen angemessen ausdrücken und andere Menschen dafür gewinnen zu können?			3
8 Wirkt meine Selbstdarstellung klar und sicher?			3 4
9 Bin ich überdurchschnittlich vielen Menschen in meinem mittelbaren und unmittelbaren Berufsumfeld bekannt?			4
10 Kann ich im Bedarfsfall mit Unterstützung aus einem beruflichen Beziehungsnetzwerk rechnen?			4

Dieser TaschenGuide unterstützt Sie dabei, Ihre Durchsetzungsfähigkeit systematisch zu verbessern. Optimierungshilfen zu den einzelnen Faktoren erhalten Sie in dem angegebenen Oberkapitel.

So stärken Sie Ihre Persönlichkeit

Einer der wichtigsten Schritte auf dem Weg zu mehr Durchsetzungskraft: Entwickeln Sie den Mut, sich selbst, Ihre Leistungen und Stärken sowie Ihre Wünsche und Bedürfnisse anzuerkennen und Ihre Ziele klar zu formulieren.

Im folgenden Kapitel lesen Sie,

- wie Ihre Einstellung zu Ihnen selbst Ihre Durchsetzungsfähigkeit beeinflusst (S. 12),
- warum es wichtig ist, dass Sie Ihre Wünsche und Bedürfnisse wichtig nehmen (S. 16),
- was Ihnen eine positive Einstellung gegenüber anderen bringt (S. 23),
- wie Sie sich durch klare Ziele motivieren (S. 29) und für die Veränderung entscheiden (S. 39).

Nehmen Sie sich ernst!

Der Ausgangspunkt für Ihre Durchsetzungskraft ist eine gesicherte Selbstachtung – sonst stehen Sie sich durch Hemmungen und Blockaden selbst im Weg. Selbstachtung und Selbstwertgefühl zeigen sich in bestimmten Einstellungen, die sich auf Ihr Verhalten förderlich auswirken. Diese Einstellungen sind:

- sich als Mensch wertvoll fühlen mit dem Recht, eigene Interessen zu verwirklichen,
- sich selbst vertrauen, Ziele durch die eigenen Fähigkeiten und Potenziale erreichen und Schwierigkeiten meistern zu können,
- Glück und Erfolg für sich in Anspruch nehmen und genießen zu dürfen.

Mangelnde Selbstachtung führt zu Problemen, wenn Sie sich durchsetzen wollen. Je nach Situation entsteht eine innere Haltung der „Übersicherheit" oder „Untersicherheit".

Untersicherheit	Übersicherheit
führt zu Fluchttendenz: - das Feld räumen - sich selbst abwerten - ängstlich sein - eigene Interessen bagatellisieren - eigene Interessen denen anderer unterordnen - harmonisieren	führt zu Aggressionstendenz: - andere dominieren und niederwalzen - andere verletzen, beleidigen, abwerten - egozentrisch sein - überheblich sein - ausschließlich eigene Interessen verfolgen

Mit diesen Haltungen sind Ihren Durchsetzungsbemühungen keine (dauerhaften) Erfolge beschieden! Schauen wir also, wie Sie Ihre Selbstachtung festigen und eine Haltung der konstruktiven Selbstbehauptung entwickeln können.

Sind Sie wichtig genug?

„Ich bin der wichtigste Mensch für mich!" Was denken und fühlen Sie, wenn Sie einen solchen Satz lesen? Die meisten reagieren verschämt, als hätte man sie bei etwas Verbotenem ertappt. Denn dieser Satz stellt alles auf den Kopf, was die meisten von uns seit ihrer Kindheit gelernt haben: Wir dürfen uns selbst nicht zu wichtig nehmen. Oder etwa doch?

Haben Sie auch schon als Kind gelernt, dass Sie die Interessen der anderen höher stellen sollten als Ihre eigenen? Das Urteil der anderen (besonders über Sie selbst) ernster nehmen als Ihr eigenes? Beliebte Aussagen: Was wird die Lehrerin / Tante Hilde sagen, was sollen die Nachbarn denken? Verbreitete Spruchweisheiten spiegeln diese Lehren aus der Kindheit wider: Eigenlob stinkt! Hochmut kommt vor dem Fall! Dummheit und Stolz wachsen auf dem gleichen Holz!

Echos aus der Kindheit

Den ersten Schritt zur Durchsetzungsfähigkeit machen Sie, wenn Sie sich und Ihre Bedürfnisse ernst nehmen. Doch gerade das fällt vielen schwer. Denn schwächende Botschaften aus der Kindheit wirken oft unbewusst bis ins Erwachsenenalter. Eltern, Großeltern, Lehrer und andere Bezugspersonen vermitteln sie verbal oder durch bestimmte Verhaltensweisen. Manche dieser Botschaften halten uns klein. Andere stellen unrealistisch hohe Ansprüche an uns, und wir fühlen uns wertlos, solange wir sie nicht erfüllen.

Beispiele

Beispiele für schwächende Botschaften, die klein machen
Sei nicht immer so vorlaut!
Du lernst das nie und nimmer!
Stell dich nicht immer so an.
Es wird gegessen, was auf den Tisch kommt.
Kinder, die was wollen, kriegen was auf die Bollen.
Gib mir bloß keine Gegenworte!
Sei still, wenn ein Erwachsener etwas sagt.
Stell dich nicht so in den Mittelpunkt.

Beispiele für schwächende Botschaften, die überfordern
Ein Indianer kennt keinen Schmerz.
Du bist doch die Große, sei vernünftiger als dein Bruder.
Sei ruhig und reiß dich zusammen, du schaffst das schon.
Bist du ein Junge oder ein Angsthase?
Du solltest immer besser sein als die anderen.
Man muss anderen immer helfen.

Übung: Was mich noch heute schwächt

Erinnern Sie sich, wie das war, wenn Sie als Kind Ihre Wünsche und Bedürfnisse durchsetzen wollten? Welche negativen Reaktionen wichtiger Bezugspersonen kommen Ihnen in den Sinn? Mit welcher zentralen Botschaft verknüpfen Sie diese Reaktionen? Schreiben Sie Ihren „Niedermacher" auf. Überlegen Sie: Wie haben Sie als Kind darauf reagiert, innerlich und äußerlich? Welche Ihrer heutigen Gefühle, Gedanken, Verhaltensweisen können Sie auf diese Botschaft zurückführen? (*nach Asgodom*)

Enttarnen Sie den faulen Zauber!

Kinder glauben, was die Erwachsenen sagen. Doch als Erwachsene sind Sie in der Lage, diese Botschaften als das zu enttarnen, was sie sind: destruktive Maßregeln und Vorschriften, die Ihrer Persönlichkeit, Ihren Eigenarten und Bedürfnissen nicht gerecht werden. Auch wenn manche davon sogar gut gemeint waren. Treffen Sie eine Neuentscheidung für Ihr Erwachsenenleben: Entwickeln Sie Gegenbotschaften und Erlaubnissätze, die Ihre Gefühle, Wünsche und Interessen respektieren!

Beispiele für Gegenbotschaften und Erlaubnissätze

Ich bin in Ordnung, auch wenn ich Fehler mache.
Ich darf sagen, was mir wichtig ist.
Ich brauche nur das zu essen, was mir schmeckt.
Ich darf in meinem Tempo lernen und schaffe es.
Ich bin o.k., auch wenn ich mich schwach fühle.
Ich gebe mein Bestes, und ich bin gut, so wie ich bin.
Ich darf „nein" sagen.
Ich bin o.k., auch wenn andere mich nicht nett finden.

Übung: Meine Gegenbotschaften

Schauen Sie sich Ihre schwächende Botschaft an. Formulieren Sie sie um in eine positive Botschaft oder Erlaubnis. Achten Sie darauf, dass Ihre Gegenbotschaft keine negativ besetzten Wörter enthält, denn sonst konzentriert sich Ihr Unterbewusstsein auf genau diesen Aspekt (Beispiel: Statt „Ich habe keine Angst" sagen Sie also besser „Ich bin mutig, zuversichtlich, sicher" o. Ä.). Vermeiden Sie aus diesem Grund auch die Worte „nicht", „kein", „aber".

Nehmen Sie sich Zeit, bis Sie eine Ihnen angenehme Formulierung gefunden haben. Schreiben Sie Ihre Gegenbotschaft auf einen neuen Zettel und bewahren Sie ihn auf. Zerreißen Sie mit Entschiedenheit den Zettel mit der schwächenden Botschaft. Regisseur in Ihrem Leben sind nun Sie selbst!

Stehen Sie zu sich selbst!

Wenn Sie Ihre inneren Barrieren überwinden und sich durchsetzen wollen, müssen Sie von Ihrer eigenen Person und Ihren Qualitäten überzeugt sein. Zum einen wirkt sich diese Überzeugung auf Ihre Ausstrahlung aus, auf Ihre verbalen und körpersprachlichen Verhaltensweisen. Zum anderen fördern Sie damit Ihr Selbstwertgefühl und müssen sich nicht bereits vor sich selbst schämen, dass Sie Ihre Wünsche und Interessen für durchsetzungswert halten.

Spendieren Sie sich Anerkennung

Viele Menschen haben geradezu Angst, ihre eigenen Qualitäten und Stärken zu formulieren, geschweige denn vor anderen auszusprechen. Denn sie befürchten, als überheblich und arrogant zu gelten, egozentrisch zu sein, die Zuwendung der anderen zu verlieren und als Person abgelehnt zu werden. Deshalb machen sie sich lieber selber klein.

Beispiel: Kennen Sie ähnliche Reaktionen?

Sylvia Jäger, Firmenkundenbetreuerin einer Bank, hat einen neuen Großkunden an Land gezogen. Als ihr Vorgesetzter sie beim Meeting deswegen vor versammelter Runde lobt, wiegelt sie ab. „Dafür werde ich ja bezahlt, das ist doch nichts Besonderes", meint sie bescheiden lächelnd, während sie mit ihrem Blick den vor ihr liegenden Ordner hypnotisiert. „Außerdem habe ich diesmal Glück gehabt." Immerhin geht sie zur Feier des Tages mit ihrer Freundin Melanie schick essen. „Tolles Kostüm!", bewundert Melanie Sylvias Ausgehoutfit. „Hast Du Dir das von der Provision geleistet?" „Das hab ich schon länger, war gar nicht so teuer.", antwortet Sylvia.

Doch die Verkleinerungstaktik rächt sich irgendwann. Kein Mensch hat wirklich Lust, sich auf Dauer als graue Maus zu verkleiden und auf den Glanz persönlicher Erfolge zu verzichten. Wenn Sie das natürliche Bedürfnis nach Anerkennung der eigenen Person, Ihrer Fähigkeiten und Leistungen nicht offen ausleben, geht es in den Untergrund. Es versucht dann, auf indirektem Weg zu ernten, was ihm zusteht. Möglicherweise werden Sie dann wirklich unausstehlich, unkollegial, intrigant. Warum sollten Sie auch anderen Sahnetorte gönnen, wenn Sie selbst auf Zwangsdiät sind?

Wenn Sie sich also mit einer Haltung der konstruktiven Selbstbehauptung durchsetzen wollen, müssen Sie sich erst einmal selbst anerkennen! Nur dann können Sie Ihre schwächeren Seiten akzeptieren: „Ich bin o.k., so wie ich bin!"

Übung: Ich bin gut!

Konkretisieren Sie Ihr persönliches Stärken-Profil – denn Eigenlob stinkt nicht! Denken Sie an alle positiven Dinge, die Sie im Leben erreicht, an alle Schwierigkeiten, die Sie gemeistert haben. Welche persönlichen Qualitäten haben Ihnen dabei geholfen? Schreiben Sie eine Liste, mit der Sie sich immer wieder daran erinnern können!

Persönliche Anerkennungsliste

Positives in meinem Leben	Mein Beitrag dazu
Ich habe 3 Jahre im Schulorchester mitgespielt und viele öffentliche Auftritte absolviert.	Ich bin musikalisch, kann gut mit anderen zusammenarbeiten, bin mutig beim Auftreten vor anderen.
Ich habe Schule und Ausbildung mit guten Noten abgeschlossen.	Ich bin zielorientiert und kann mich selber motivieren.
Ich habe Freunde, die mich mögen.	Ich bin ein liebenswerter Mensch, bin offen und kann gut zuhören.
Ich habe ein gutes Familienleben.	Ich kann Liebe geben und nehmen. Ich nehme mir Zeit für gemeinsame Aktivitäten. Wenn es Probleme gibt, habe ich ein offenes Ohr.
Ich bin innerlich meistens ausgeglichen.	Ich sorge dafür, dass ich selbst nicht zu kurz komme.

Wünsche und Bedürfnisse bewusst machen

Wenn Sie sich durchsetzen wollen, verfolgen Sie immer einen bestimmten Zweck: Es geht darum, eigene wichtige Interessen zu verwirklichen. Hinter Ihren Interessen stecken persönliche Wünsche und Bedürfnisse. Wenn Sie sich also zielgerecht und mit der angemessenen Strategie durchsetzen wollen, müssen Sie Ihre Wünsche und Bedürfnisse kennen. Banal? Keinesfalls, wie das folgende Beispiel zeigt.

Beispiel: Die selbst gemachte Tretmühle

Christian Bauer wird immer unzufriedener in seinem Beruf als Personalreferent. Am Ende jedes Arbeitstages fühlt er sich ausgelaugt; er hangelt sich nur noch von Wochenende zu Wochenende. Neben seinem Tagesgeschäft engagiert er sich für zwei prestigeträchtige und arbeitsintensive Projekte. Dabei muss Christian Berge von Daten erheben und auswerten. Das ödet ihn zwar ziemlich an, aber er glaubt, dass er seine Karriere gefährdet, wenn er diese Projekte nicht zur Profilierung nutzt. Im beruflichen Umfeld reagiert Christian zunehmend aggressiv. Erst kürzlich ist er in einem Meeting regelrecht ausgerastet, als ein Kollege einige Daten in Frage stellte. Sein Vorgesetzter bezweifelt langsam, ob Christians soziale Kompetenz den Anforderungen seiner Position entspricht.

Ein Versager? Ein Karriere-Rambo? Nein, nur jemand, der nicht gut für sich selber sorgt, weil er den Kontakt zu seinen Bedürfnissen verloren hat. Wie viele Menschen. Entweder sind sie damit beschäftigt, die Erwartungen anderer (auch in Form schwächender Botschaften) zu erfüllen, oder sie hängen überhöhten Idealen nach, denen sie alles andere unterordnen.

Beispiel

Eigentlich hatte Christians Karriere viel versprechend angefangen. Zu Beginn seiner Tätigkeit hatte er häufig als interner Kommunikationstrainer gearbeitet, was ihm viel Spaß gemacht hat. Denn eigentlich ist er sehr kontaktfreudig und offen. Sein Interesse an psychologischen Fragen und das positive Feedback seiner Seminarteilnehmer bestärkten ihn in seinem Entschluss, sich als interner Coach zu qualifizieren. Als sein Vater davon hörte, setzte er Christian gehörig zu: „Mach lieber was Vernünftiges, nicht diesen Psychoquatsch. Das Gesülze ist was für Öko-Stricklieseln, keine Leistung." Schließlich glaubte Christian selbst, dass er sich lieber auf Zahlen, Daten, Fakten konzentrieren sollte. Er verdrängte, dass er immer schlechter schlief und bereits morgens Magenkneifen bekam, wenn er an seine Arbeit dachte. Statt sein Gefühl ernst zu nehmen, verzichtete Christian aufs Coachen und spezialisierte sich auf Vergütungssysteme.

Dauerhaft gegen die eigenen Bedürfnisse zu handeln, heißt, auf ureigenste Interessen zu verzichten. Das führt mittelfristig zu Stressreaktionen und Unzufriedenheit, langfristig zu psychischen und körperlichen Beschwerden. Verschärft wird diese Entwicklung durch vermeintliche Lösungsstrategien nach dem Muster „Mehr-vom-Selben".

Beispiel

Auch im privaten Bereich läuft es nicht mehr. Christian ist meistens zu erschöpft, um abends oder am Wochenende noch viel zu unternehmen. Das Engagement in den Projekten frisst zusätzlich Freizeit. Sein Freundeskreis fragt immer seltener an, ob Christian in die Kneipe oder ins Kino mitkommt, da er doch meistens nein sagt. Christian spürt, dass andere auf Distanz gehen, und ist frustriert. „Bloß nichts anmerken lassen. Denen werde ich es noch zeigen!", denkt er sich, klotzt im Job noch mehr ran und gibt sich im Kontakt mit anderen betont cool. Ein Teufelskreis beginnt.

Kommen Sie daher Ihren Bedürfnissen auf die Spur, wenn Sie sich erfolgreich durchsetzen wollen. Für viele Menschen ist es jedoch gar nicht so einfach, die eigenen Bedürfnisse wahrzunehmen und zu benennen. Vielleicht hilft Ihnen die Bedürfnispyramide weiter.

Hierarchie der Bedürfnisse

Unsere Bedürfnisse sind unsere Triebfeder zum Handeln. Auch wenn die Bedürfnisse jedes Menschen unterschiedlich strukturiert sind, so gilt doch ein Prinzip: Erst wenn wir auf einer unteren Stufe der Bedürfnispyramide weitgehend zufrieden sind, können wir uns der nächsten zuwenden. Wir können keine Stufe überspringen, ohne einen Mangel in diesem Lebensbereich zu spüren.

Beispiel

Sabine Peters könnte eigentlich zufrieden sein: Das Studium und damit die Zeiten schmaler Geldbeutel und leerer Kühlschränke sind vorbei! Sie hat eine sichere Stelle und ein regelmäßiges Einkommen. Nun will sie erst mal Karriere machen in einem Job, der ihr Spaß macht. Dafür ist sie in eine andere Stadt gezogen. Für ihre neue Wohnung hat sie sich endlich das Designersofa geleistet, von dem sie schon immer geträumt hat. Doch wenn sie jetzt nach einem anstrengenden Arbeitstag abends auf ihrem Sofa sitzt, fühlt sie sich trotz allen Erfolgs irgendwie traurig. Die vertrauten Freunde und offenen Gespräche fehlen ihr.

Die Bedürfnispyramide

(nach Abraham Maslow)

Selbstverwirklichung:
persönliches Wachstum
Talente und Potenziale umsetzen

Anerkennung:
Wertschätzung, positive Rückmeldung
Stärke, Leistung, Erfolg, Status, Würde

Beziehungen:
Kontakt, Zuwendung, Nähe, Zughörigkeit
Freundschaft, Liebe

Sicherheit:
Stabilität, Schutz, Angstfreiheit
Geborgenheit, Ordnung, Berechenbarkeit

Selbsterhaltung:
Hunger, Durst, Schlaf, Wärme, Gesundheit
Fortpflanzung / Sexualität

Bedürfnisse verändern sich: Bedeutet Sicherheit in jungen Jahren, überhaupt eine Wohnung zu haben, so kann später das Bedürfnis nach einem eigenen Haus erwachsen. Auch die aktuelle Lebenssituation hat Einfluss darauf, welche Stufe gerade im Vordergrund steht.

Übung: Meine Bedürfnispyramide

Zeichnen Sie Ihre persönliche Pyramide mit leeren Feldern. Überlegen Sie, wie weit Ihre Bedürfnisse auf jeder Stufe erfüllt sind bzw. wo nicht. Füllen Sie das Feld entsprechend mit schraffierten Strichen mehr oder weniger aus (z. B. zu 10, 50, 100 %). Wie wirkt Ihre Pyramide auf Sie? Welche Schlussfolgerungen ziehen Sie für sich? Welche Bereiche sind für Sie befriedigend? In welchen Bereichen könnten Sie mehr für Ihre Zufriedenheit tun? Auf welche Weise?

Raus aus dem Teufelskreis

Oft führen die mehr oder weniger unbewussten Versuche, unsere Bedürfnisse zu befriedigen, genau zum Gegenteil: Der Lösungsversuch verschärft das Problem (vgl. oben „Die selbst gemachte Tretmühle"). Wenn Sie sich durchsetzen wollen, ist also bewusstes Vorgehen in folgenden Schritten gefragt:

12 Schritte zur Befriedigung von Bedürfnissen

1 Was sind Ihre grundlegenden Wünsche und Bedürfnisse?
2 In welchen beruflichen und / oder privaten Lebensbereichen wollen Sie diese Bedürfnisse verwirklichen?

3 Wie zufrieden sind Sie derzeit mit dem Erfüllungsgrad dieser Bedürfnisse? Stufen Sie Ihre Zufriedenheit für jedes Bedürfnis auf einer Skala von 1 (= katastrophal) bis 10 (= ideal) ein.

4 Woran würden Sie erkennen (an sich selbst, an Ihrer Umwelt), dass Ihre Bedürfnisse in idealer Weise erfüllt sind?

5 Was wäre für Sie ein Erfüllungsgrad, den Sie schon ganz in Ordnung fänden? Stufen Sie die angestrebte Zufriedenheit wieder auf einer Skala von 1 – 10 ein.

6 Was davon können Sie realistisch bekommen?

7 Haben Sie dieses Ziel schon einmal erreicht, wenn vielleicht auch nur annähernd? Was haben Sie damals gemacht oder dazu beigetragen?

8 Welche Maßnahmen wollen Sie heute dazu unternehmen?

9 Was hindert Sie noch daran?

10 Was brauchen Sie also noch als Unterstützung?

11 Wie wollen Sie sich diese Unterstützung sichern?

12 Was werden nun Ihre ersten Schritte sein?

Nehmen Sie andere wichtig!

Viele Menschen versuchen sich durchzusetzen, indem sie andere klein machen und unter Druck setzen. Der Erfolg ist meist nur kurzfristiger Natur. Denn Druck erzeugt Gegendruck. Ihr eigenes Verhalten ist immer eine „Einladung" an Ihren Handlungspartner, auf eine bestimmte Weise zu reagieren. So haben Sie selbst entscheidenden Anteil daran, wie Gespräche mit großer Wahrscheinlichkeit verlaufen. Oder wie der Volksmund sagt: „Wie Du kommst gegangen, so wirst du auch empfangen".

Wenn Sie sich langfristig durchsetzen wollen, müssen Sie andere Menschen für Ihre Ziele und Belange gewinnen. Es liegt auf der Hand, dass Ihnen das kaum gelingt, wenn Sie Ihre Handlungspartner in eine Abwehrhaltung bringen. Genau das passiert aber, sobald Sie den anderen abwerten und sein Selbstwertgefühl angreifen.

Beispiel: Der Kunde als Feind?

> Dirk Schütze hat vor drei Monaten einen Firmen-Kopier-Service eröffnet. Anfangs ist er auch kleineren Kunden auf deren Anfrage mit Preisen und Service sehr entgegenkommen. Denn er hat sich nicht getraut, auch mal „nein" zu sagen, um Kunden nicht zu verlieren. Doch nun will Dirk Schütze endlich eine Grenze setzen. Als nun wieder ein kleinerer Kunde nach Sonderkonditionen fragt, entgegnet Dirk schroff: „Bei Ihrem bisschen Umsatz?! Wenn da jeder meint, er bekommt wegen ein paar Kopien schon Rabatte und Frei-Haus-Lieferung, muss ich bald noch Geld mitbringen." Ob der Kunde Ohren und Herz für solche Argumentation offen hält?

Ihr persönliches Verhalten spiegelt, was Sie denken und fühlen. Sich erfolgreich durchsetzen heißt also, nicht nur sich selbst, sondern auch den anderen zu akzeptieren und wichtig zu nehmen. Das ist eine Frage der Grundposition. Es gibt vier solcher grundlegenden Einstellungen.

Die persönlichen Grundpositionen

Beispiel

Sie möchten mit Ihrem Kollegen darüber sprechen, die anfallende Arbeit zukünftig gleichmäßiger auf Sie beide zu verteilen. In letzter Zeit hatten Sie den Eindruck, dass Ihr Kollege zeitaufwändige Detailarbeit auf Sie abwälzt. Sie können mit verschiedenen Einstellungen in dieses schwierige Gespräch gehen.

Ich bin o.k., Du bist nicht o.k. (+ / –)
Ich bin völlig in Ordnung, aber Dir ist nichts Gutes zuzutrauen. Wenn es Schwierigkeiten gibt, ist das Deine Schuld. Ich werde Dir schon zeigen, wo Dein Platz ist und wer hier das Sagen hat. Wenn Du nicht wärst, hätte ich keine Probleme, und das werde ich Dich deutlich spüren lassen.

Ich bin nicht o.k., Du bist o.k. (– / +)
Du bist sowieso stärker als ich. Da kann ich auch sofort machen, was Du willst. Meine Wünsche und Forderungen halte ich erst mal zurück. Sag Du mir, wie es weitergeht. Dann brauche ich mich auch nicht mit Dir und „dem Problem" auseinander zu setzen.

Ich bin nicht o.k., Du bist nicht o.k. (– / –)
Wozu soll ich überhaupt Energie in die Sache investieren, es hat doch sowieso keinen Sinn. Ich werde nie etwas erreichen, schon gar nicht mit jemandem wie Dir. Es ist mir egal, was bei unserem Kontakt herauskommt.

Ich bin o.k., Du bist o.k. (+ / +)
Wir sind gleichwertige Partner, und ich akzeptiere Dich, auch wenn Du anderer Meinung bist. Ich setze mich für meine

Ziele und Interessen ein und respektiere, dass Du eigene Ziele und Interessen hast. Ich werde versuchen, mit Dir gemeinsam eine Lösung zu beiderseitigem Vorteil zu finden.
(*nach Eric Berne und nach Thomas A. Harris*)

> Ihre Grundposition beschreibt den Wert, den Sie sich und anderen beimessen. Sie wirkt sich wie ein Filter auf Ihr Denken, Fühlen und Handeln aus und beeinflusst, wie Kontakte und Beziehungen verlaufen.

Spielen Sie das Gespräch über die Arbeitsverteilung in Gedanken mit jeder Grundhaltung durch. Was vermuten Sie: Welchen Verlauf wird das Gespräch mit dem Kollegen jeweils nehmen? Wenn Sie sich erfolgreich durchsetzen wollen, ohne Beziehungen nachhaltig zu beschädigen, müssen Sie die Grundposition „Ich bin o.k., Du bist o.k." leben. Das hat nichts mit naiver Sozialromantik zu tun, sondern bedeutet

- sich selbst und andere mit Licht- und Schattenseiten zu akzeptieren,
- sich selbst zu vertrauen und sich für die eigenen Belange einzusetzen,
- anderen zu vertrauen, solange es keinen triftigen und gravierenden Grund dafür gibt, es nicht zu tun.

Wie können Sie nun eine solche Grundeinstellung erlangen, damit Sie sich erfolgreich durchsetzen können? Die folgenden Übungen helfen Ihnen dabei. Die erste richtet sich an Leser, die bevorzugt analysierend an Themen herangehen, die zweite ist für Leser gedacht, die gerne mit bildhaften Vorstellungen arbeiten. Oder probieren Sie beide!

Übung: Meine persönliche Grundposition

(ein eher analytisch-rationales Verfahren)

Denken Sie an eine Situation, in der Sie sich durchsetzen woll(t)en und mit einer Person zu tun haben, zu der Ihr Verhältnis nicht ganz unbelastet ist. Schreiben Sie auf:

1 Welche Einstellung haben Sie zu dieser Person?
2 Welche Einstellung haben Sie sich selbst gegenüber?
3 Wie zeigt sich das in Ihrem Denken, Fühlen und Verhalten?
4 Wie wirkt sich das vermutlich auf den Erfolg Ihrer Absichten aus?
5 Welche konkreten Möglichkeiten haben Sie, gegenüber dieser Person eher eine realistische Einstellung „Ich bin o.k., Du bist o.k." zu erreichen? Wie können Sie z. B.

- sich die positiven Seiten am anderen / an sich bewusst machen,
- sich in die Sicht des anderen hineinversetzen und ihm subjektiv positive Absichten unterstellen,
- sich an Ausnahmen von problematischen Situationen / Kontakten mit dem anderen erinnern,
- Informationen suchen, die dem problematischen Teil der Beziehung widersprechen,
- den eigenen Anteil an der Belastung der Beziehung bewusst machen? usw.

Übung: Den anderen in einem neuen Licht sehen

(ein eher bildlich-imaginatives Verfahren)

Denken Sie an eine Situation, in der Sie sich durchsetzen woll(t)en und mit einer Person zu tun haben, zu der Ihr Verhältnis nicht ganz unbelastet ist.

1 Stellen Sie sich diesen Menschen vor und wie er sich mit Ihnen im Raum befindet: Platzieren Sie ihn so (Position, Abstand, Größe, Bewegung), dass es für Sie „stimmt".
2 Schauen Sie sich diese Person jetzt an: Welche Farben kommen Ihnen zu diesem Menschen in den Sinn? Welches Licht ordnen Sie ihm zu? Und wo genau am Körper dieser Person befindet sich welche Farbe?
3 Wo an Ihrem eigenen Körper haben Sie diese Farben?
4 Welche Farbe fließt zurzeit zwischen Ihnen und wie?
5 Welche Farbe braucht die andere Person?
6 Wo haben Sie selbst diese Farbe?
7 Wenn Sie dem anderen die Farbe schicken würden: Welche Nuance hat sie? Welchen Weg würde sie nehmen? Wie würde sich der Fluss zwischen Ihnen verändern?
8 Finden Sie eine Farbe, die die Beziehung und den Kommunikationsfluss zwischen Ihnen verbessern würde. Stellen Sie sich vor, dass diese Farbe in das Verhältnis zwischen Ihnen einfließen wird.
9 Nehmen Sie wahr, was das in Zukunft für das Gespräch mit dem anderen bedeutet.

(In Anlehnung an Maaß / Ritschl)

Motivieren Sie sich durch klare Ziele!

Wer sein Ziel nicht kennt, dem erscheint jeder Weg richtig, und er merkt meist zu spät, dass er dort gelandet ist, wo er gar nicht hinwollte. Wenn Sie sich durchsetzen wollen, müssen Sie Ihre eigenen Ziele genau kennen, damit Sie Ihre Energien bündeln und zielgerecht einsetzen können. Klare Ziele sind für die Durchsetzungsfähigkeit unabdingbar:

- Ziele geben Ihnen die Motivation, sich mit ganzer Kraft für ihre Verwirklichung einzusetzen.
- Ziele bestimmen, welche Ihrer Strategien und Aktivitäten Erfolg versprechend sind und welche nicht.
- Ziele helfen Ihnen, Prioritäten zu setzen und Ihre Fähigkeiten optimal zu nutzen.
- Ziele bieten Ihnen das wichtigste Kriterium zur Erfolgskontrolle.

Wenn Sie nur eine ungefähre Vorstellung davon haben, was Sie erreichen wollen, sind Streuverluste vorprogrammiert:

- Durch Versuch und Irrtum kommen Sie möglicherweise an Ihr Ziel, aber es dauert länger und kostet mehr Kraft.
- Sie wissen nicht genau, ob und wann Ihre Wünsche verwirklicht sind. Eventuell schießen Sie dann auch übers Ziel hinaus und „vergrätzen" Ihren Gesprächspartner.
- Wenn Sie das Ergebnis Ihres persönlichen Einsatzes nicht an einem Ziel messen können, entsteht Unzufriedenheit und Enttäuschung nach dem Motto „Soll das schon alles

gewesen sein?". Unter Umständen verstärken Sie so ein negatives Selbstbild und die Überzeugung „Ich schaff's ja doch nicht, egal was ich tue und wie ich mich anstrenge."
- Wenn Sie nicht genau erkennen, ob Sie Ihr Ziel erreicht haben, können Sie Ihren Erfolg nicht genießen und daraus Energie, Mut und Zuversicht für die Zukunft schöpfen.

Langfristige Ziele: Ihre Vision

Ob Sie in konkreten Situationen die notwendige Kraft und Zielgerichtetheit aufbringen können, um sich durchzusetzen, hängt entscheidend davon ab, welche Zukunftsvorstellungen Sie entwickelt haben, bewusst oder auch unbewusst.

Beispiel: Eine märchenhafte Geschichte

Joanne war 15 Jahre alt, als bei ihrer Mutter Multiple Sklerose diagnostiziert wurde. Zehn Jahre später ist die Mutter tot – ein schwerer Schlag für Joanne. Noch im gleichen Jahr hat Joanne während einer Zugfahrt nach London eine Vision: Ein Junge, der nicht weiß, wer er ist, erscheint vor ihrem inneren Auge. Und sie beginnt, seine Geschichte niederzuschreiben. Nach dem Tod der Mutter geht Joanne nach Portugal und verliebt sich dort in einen Fernsehjournalisten. Sie heiratet ihn und bekommt eine Tochter. Doch die Ehe scheitert, Joanne kehrt nach Großbritannien zurück und lebt als allein erziehende Mutter am Rande des Existenzminimums. Dennoch stellt sie ihr Buch über den Jungen fertig. Doch damit ist sie längst nicht am Ziel. Ihr Buch wird zunächst von drei großen Verlagen abgelehnt. Endlich kauft der Bloomsbury-Verlag das Manuskript für 10.000 britische Pfund.

Der Rest ist Geschichte: „Harry Potter" wurde zum Weltbestseller, Joanne K. Rowling ist die erfolgreichste Autorin der Welt und – nach Madonna – die zweitreichste in Großbritannien lebende Frau.

Was wollen Sie in Ihrem Leben erreichen, für das es sich lohnt, sich trotz aller Widerstände und Blockaden durchzusetzen? Wenn Sie Ihre persönliche Lebensvision entwerfen, müssen Sie sich folgende Fragen beantworten:

- Was will ich in meinem Leben erreichen? Wohin will ich?
- Was ist mir im Leben wichtig? Welche Werte sind von tragender Bedeutung für mich?
- Was kann ich besonders gut? Was sind meine Fähigkeiten und Talente? Was macht mir am meisten Spaß?
- Worauf möchte ich mit 30, 40 .... Jahren und am Ende meines (Berufs-)Lebens im Wesentlichen zurückblicken?

Dabei ist es wichtig, dass Sie auf sich selbst hören. Denn viele Menschen jagen Zielen hinterher, die eigentlich nicht ihre eigenen sind. Sondern sie versuchen – meist unbewusst – die Erwartungen anderer zu erfüllen. Sie leben die Wünsche von Eltern und Partnern, versuchen Freunden und Bekannten zu imponieren, gehorchen scheinbar fest zementierten Regeln ihres sozialen Umfeldes. Doch genau das schwächt ihre Durchsetzungsfähigkeit. Denn nur die volle innere Überzeugung gibt uns Kraft und Motivation genug, unsere Ziel systematisch zu verfolgen und bei Rückschlägen nicht aufzugeben.

Um langfristige Ziele zu verfolgen, braucht es Begeisterung und Durchhaltevermögen. Dies Merkmale sind jedoch weniger das Ergebnis nüchterner Analysen. Die notwendige innere Schubkraft erhalten Sie vielmehr durch positive Emotionen, die mit dem Erreichen Ihrer Ziele verknüpft sind. Denn warum sollten Sie sich für etwas anstrengen, das Ihnen keine Freude macht und Ihrem Leben keinen rechten Sinn gibt? Die folgende Übung hilft Ihnen dabei, eine inspirierende Zukunftsvorstellung für sich zu entwickeln.

Übung: Probefahrt in die Zukunft – Opa / Oma erzählt

Ziehen Sie sich an einen ruhigen Ort zurück. Schreiben Sie auf einen Zettel Ihren Namen und Ihr Lebensalter, auf einen anderen Zettel „Opa" bzw. „Oma" und Ihren Namen sowie das Alter „75 Jahre". Legen Sie die Zettel in angemessenem Abstand, der die Zeit zwischen den beiden Lebensaltern repräsentiert, auf den Fußboden.

1 Stellen Sie sich an den Platz, der Ihr aktuelles Alter und damit die Gegenwart repräsentiert. Schauen Sie an den Platz, an dem Sie 75 Jahre alt sind und der Ihre Zukunft repräsentieren soll.

2 Teilen Sie die Strecke in Abschnitte auf; jeder Abschnitt entspricht 5 Jahren. Nun gehen Sie aus der Gegenwart mit langsamen Schritten in die Zukunft.

3 Halten Sie an jedem 5-Jahres-Abschnitt inne und vollziehen Sie den (Veränderungs-)Prozess nach:
- Wie sehen Sie in diesem Lebensalter aus?
- Wie ist Ihre Körperhaltung?

4 Wenn Sie den Platz „75 Jahre" erreicht haben, setzen Sie sich auf einen Stuhl. Stellen Sie sich vor, Kinder oder Enkelkinder sitzen zu Ihren Füßen und warten gespannt und

neugierig auf das, was Sie ihnen als Opa bzw. Oma aus Ihrem Leben erzählen.

5 Nun erzählen Sie den Kindern, laut oder in Gedanken, von den wichtigen Stationen in Ihrem Leben, von der Kindheit bis zum heutigen Tag als 75-Jährige/r:
- Was ist das Beste, Schönste, Wichtigste gewesen?
- Welche Verdienste und wichtigen Lebensstationen wollen Sie würdigen?
- Worauf wollen Sie zurückblicken können, das in der Zeit zwischen Ihrem richtigen Alter und dem Opa- / Omadasein liegt?
- Was könnte dabei Ihr Lebensmotto gewesen sein?

6 Gehen Sie wieder auf den Platz, der die Gegenwart darstellt, und schauen Sie sich den Stuhl an, auf dem Sie als Oma / Opa gesessen haben.
- Wie ist es, dorthin zu schauen?
- Was vom Erzählten wollen Sie als Lebensziel(e) annehmen? Was hat die größte Anziehungskraft?
- Was kann Sie jeden Tag daran erinnern, etwas zu tun, um Ihre Vision zu erreichen?

Führen Sie die Übung von Zeit zu Zeit neu durch und überprüfen Sie: „Will ich das wirklich noch? Fühle ich mich noch gut dabei? Entspricht das Ziel noch mir selbst? Ist es noch realistisch?" Denn wer A sagt, muss nicht automatisch B sagen. Es ist legitim, sich von einem Ziel zu verabschieden oder es auf eine neue Situation hin zu variieren. Das spricht für Intelligenz, Selbstbewusstsein und die Fähigkeit, im eigenen Leben die Regie zu übernehmen.

Kurz- und mittelfristige Ziele: Orientierungspunkte für konkrete Aktionen

Ihre Vision zeigt Ihnen, wofür es sich generell lohnt aktiv zu werden. Sich durchsetzen heißt nun, dass Sie sich für konkrete Vorhaben einsetzen. Je klarer Sie dabei Ihre Ziele für die konkrete Situation vor Augen haben, desto wirksamer sind Ihre Aktivitäten. Egal, ob Sie ein Durchsetzungsgespräch planen oder eine allgemeine Verhaltensänderung.

Wenn man Menschen fragt, was sie für sich verändern wollen, sind folgende Antworten typisch:

- Ich möchte mich besser durchsetzen.
- Ich möchte nicht mehr so schnell nachgeben.
- Ich will weniger Angst davor haben, anderen die Meinung zu sagen.
- Ich möchte bei Konflikten immer ruhig bleiben.
- Ich will, dass mein Chef auf meine Wünsche eingeht.

Sind diese Wünsche nachvollziehbar? Mit Sicherheit! Sind sie sinnvoll und klar ausgedrückt? Leider nicht! Denn in den Formulierungen stecken unsichtbare Stolperdrähte, mit denen Sie sich selbst sabotieren würden.

Stolperdraht 1: schwammige Formulierungen

Ausdrücke wie besser, stärker, deutlicher, mehr usw. zeigen lediglich die große Richtung an, in die es gehen soll. Sie bieten noch keinen konkreten Ansatz für die dazu notwendige Veränderung. Und sorgen eher für Frust statt für Lust, weil der Betreffende keine Ahnung hat, wie er denn zum Ziel kommen soll. Denn was bedeutet denn konkret „besser durchsetzen"? Für den einen ist da vielleicht Klarheit über die eigenen Bedürfnisse gefragt, für den anderen eine Schritt-für-Schritt-Gesprächsstrategie.

Stolperdraht 2: Verneinungen

Denken Sie in den nächsten Sekunden auf gar keinen Fall an einen rosa Elefanten! Hat's geklappt? Bestimmt nicht, denn sobald Sie etwas NICHT denken wollen, muss sich Ihr Gehirn gerade damit beschäftigen. Und dadurch konzentriert sich Ihr Unterbewusstsein genau auf die problematischen Dinge, die Sie nicht mehr wollen. So rauben Sie sich Kraft und Selbstvertrauen.

Stolperdraht 3: mangelnde Messbarkeit

Wann wissen Sie, dass Sie sich besser durchsetzen können? Woran erkennen Sie, dass Sie weniger Angst haben? Solange Sie keine Kriterien dafür formuliert haben, können Sie sich ewig abstrampeln.

Stolperdraht 4: Ziel nicht von Ihnen selbst aktivierbar

Durch geeignete Einstellungen, Strategien und Verhaltensweisen können Sie zwar die Wahrscheinlichkeit erhöhen, dass z. B. Ihr Chef auf Ihre Wünsche eingeht, aber es gibt keinen geheimnisvollen Psychotrick, der das garantiert. Wenn Sie Ihr Ziel nicht dadurch konkretisieren, was Sie selbst zum Erreichen beitragen können, haben Sie keinen Handlungsansatz.

Stolperdraht 5: unklarer Zeithorizont

Wer kennt nicht den bekannten Weg guter Vorsätze? Die meisten werden aufgeschoben bis zum Sankt-Nimmerleins-Tag. Wenn Sie sich nicht selbst sagen, wann Sie eine Sache angehen wollen, wird sich vermutlich der innere Schweinehund durchsetzen und nicht Sie. Auch zu knappe Endtermine sind ungünstig: Gerade Einstellungsveränderungen brauchen etwas Zeit.

Stolperdraht 6: Unangemessenheit

Ein schöner Traum: IMMER ruhig in Konflikten bleiben. Leider auch ein unsinniger. Erstens überfordert dieses Ziel jeden Menschen und ist daher ins Reich des gepflegten Größenwahns zu verweisen. Zweitens wird der Rahmen nicht abgesteckt, in dem Ruhe sinnvoll ist. Sicherlich sollten Sie nicht in jedem Konflikt gleich an die Decke gehen. Verstoßen aber beispielsweise Ihre Projektmitarbeiter ständig gegen Terminabsprachen, dürfen Sie sich nicht wundern, wenn Ihre unerschütterliche Ruhe geradezu als Einladung aufgefasst wird, Termine nicht so wichtig zu nehmen.

Die SMART-Formel

So formulieren Sie Ihre Ziele wirkungsvoll:

S = spezifisch
Formulieren Sie Ihr Ziel so klar, eindeutig und konkret wie möglich. Tipp: Teilen Sie komplexere Ziele besser in Teilziele auf.

M = messbar
Sie müssen eindeutig beurteilen können, ob und wie weit Sie Ihr Ziel erreicht haben. Tipp: Fragen Sie sich, woran Sie merken würden, dass Sie am Ziel sind oder auf dem besten Weg dazu.

A = attraktiv und aktionsorientiert
Formulieren Sie positiv: „Was soll sein und was kann ich tun" statt „Was soll nicht mehr sein". Zeigen Sie konkrete Ansatzpunkte für positive Veränderung auf. Tipp: Tun Sie als Gedankenexperiment so, als hätten Sie Ihr Ziel bereits erreicht. Beschreiben Sie, wann Sie sich wo, wem gegenüber wie verhalten und was an Gefühlen und Gedanken in Ihnen vorgeht.

R = realistisch
Ein motivierendes Ziel ist zwar herausfordernd und anspruchsvoll, aber immer auch machbar und realistisch. Tipp: Fragen Sie sich, inwieweit Sie das Erreichen des Ziels selbst beeinflussen können.

T = terminierbar

Setzen Sie sich einen eindeutigen Endpunkt, zeitlich und inhaltlich. Berücksichtigen Sie, dass tief greifende Veränderungen nicht von heute auf morgen zu verwirklichen sind. Tipp: Wenn Sie Ihr Ziel nicht innerhalb von drei Monaten erreichen können, formulieren Sie auf jeden Fall Teilziele. Sonst bringen Sie sich um Erfolgserlebnisse und Motivation.

Beispiel: Der „Ausputzer"

Clemens Schick war klar: Wenn er sich bei der nächsten Teambesprechung wieder nicht trauen würde, einen wichtigen Reibungspunkt anzusprechen, dann würde er die Zeche zahlen und nicht seine Kollegen. Er musste sich einfach besser durchsetzen.

Also nahm sich Clemens vor: „Ich werde mich zukünftig aktiv und offen für meine Interessen einsetzen. Beim kommenden Teammeeting am 15.07. werde ich bei unserer üblichen Manöverkritik meine Erwartung aussprechen, dass meine beiden Teilzeitkollegen zukünftig die von ihnen übernommenen Projektaufgaben selbst termingerecht zu Ende führen.

Dazu werde ich konkret beschreiben, um welche Vorfälle es geht, und welche Auswirkungen ihr Verhalten auf mich und unsere Zusammenarbeit hat. Ich werde es ablehnen, mehr als zwei Überstunden monatlich für fremde Projektaufgaben zu machen. Ich gestehe mir innerlich zu, dass ich nicht für den Arbeitserfolg von anderen verantwortlich bin.

Mein Ziel habe ich erreicht, wenn wir in diesem Rahmen eine konkrete Vereinbarung treffen. Ich werde mich dann innerlich befreit und leicht fühlen." Apropos leicht – Clemens fiel noch etwas ganz anderes ein: „Ab morgen werde ich drei Mal pro Woche nur Obst, Gemüse oder Salat zu den Hauptmahlzeiten essen. Ich kaufe ab sofort entsprechend ein."

Entscheiden Sie sich für eine Veränderung!

Ihnen geht es vielleicht wie vielen anderen: Es fällt schwer, sich aus alten Denkmustern und Verhaltensgewohnheiten zu verabschieden. Schließlich haben Sie sich jahrelang irgendwie mit ihnen arrangiert wie mit manchen alten Bekannten: Sie haben eigentlich keine richtige Lust mehr auf sie, aber Sie treffen sie trotzdem.

Hinter dem Festhalten an Gewohntem stecken vielfach auch Ängste vor den Auswirkungen neuer Denk-, Fühl- und Verhaltensweisen. Wer sich durchsetzen will und damit noch keine Erfolgserlebnisse gehabt hat, entwickelt leicht Angst vor Ablehnung, vor Kritik, vor Blamage, vor Anspannungs- oder Unsicherheitsgefühlen. Wenn Sie sich jedoch nicht auf neues Terrain wagen, werden Sie nie erfahren, wozu Sie eigentlich in der Lage sind – und verschärfen Ihre Ängste. Je mehr Sie Durchsetzungssituationen vermeiden, desto mehr schwächen Sie Ihr Selbstwertgefühl und Selbstvertrauen. Treffen Sie also Ihre Entscheidung!

Übung: So planen Sie eine Veränderung!

1 Sich selbst beobachten:
   - Wann, bei welchen Gelegenheiten und Rahmenbedingungen erleben Sie sich typischerweise als durchsetzungsschwach?
   - Wie verhalten Sie sich dann konkret?

- Was denken Sie dabei?
- Wie fühlen Sie sich dabei?

2 Verhalten analysieren:
- Welche Auslöser gibt es für bestimmte Verhaltensweisen? Wie kommt Ihr Verhalten zustande?
- Was möchten Sie mit Ihrem Verhalten erreichen? Was erreichen Sie tatsächlich? Und wie geht es Ihnen dann damit?

3 Kreative Neugestaltung:
- Wunschvorstellung beschreiben: Wie verhalten Sie sich und wie geht es Ihnen dabei?
- Eigene Blockade ermitteln: Was verhindert Ihr Wunschverhalten (Gedanken, Gefühle, Kenntnisse oder Fähigkeiten)?
- Unterstützungsfaktoren ermitteln: Was kann Ihnen realistisch helfen, Ihr Wunschverhalten zu zeigen?
- Entscheidung treffen: Welches Verhalten wollen Sie erproben? Welche Gedanken und Gefühle wollen Sie damit verbinden? Wann?

So überzeugen Sie in der Kommunikation mit anderen

Sich im Gespräch mit anderen durchzusetzen bedeutet, andere zu überzeugen.

In diesem Kapitel lesen Sie,

- wie Sie souverän kommunizieren, nämlich klar und fair (S. 44),
- wie Sie überzeugend argumentieren (S. 63) und im Gespräch strategisch vorgehen (S. 74),
- wie Sie anderen Grenzen setzen (S. 103) und auch schwierige Situationen meistern (S. 92).

Grundlagen souveräner Kommunikation

In den ersten beiden Kapiteln haben Sie auf mentaler und emotionaler Ebene Ihr Fundament zur Stärkung Ihrer Durchsetzungskraft gelegt. Gehen Sie nun ins Aufbautraining, damit Sie sich in der Kommunikation mit anderen erfolgreich behaupten können.

Welcher Durchsetzungstyp sind Sie?

Die Vorstellungen, wie man im Leben am besten durchkommt, gehen auseinander. Die folgenden Verhaltensmuster sind weit verbreitet, bieten aber nur Scheinlösungen. Finden Sie sich manchmal in einer Variante wieder?

Das partnerschaftliche Kuschelkissen

Erziehung und soziales Umfeld haben es Ihnen eingebläut: In Nettigkeit, Anpassung, Harmonie liegt der ethisch-moralische Segen. Die Folge: Sie verhalten sich partnerschaftlich in jeder Lebenslage, auch wenn Sie dazu auf eigene Interessen verzichten müssen. Sie geben zu schnell nach. Die Kommunikation: freundlich und wertschätzend; Forderungen, Kritik und Kontroversen werden jedoch „weich gespült" oder indirekt formuliert. Ihre Kommunikationspartner können sich freuen, denn als Seele von Mensch sind Sie extrem gut in die Richtung zu bugsieren, die den anderen passt.

Der knallharte Knochen

Ihnen macht keiner mehr was vor: Sie haben gelernt, dass letztlich alle vor demjenigen kuschen, der am besten den Platzhirschen gibt. Die Folge: Sie verhalten sich nach dem Modell „Deutsche Eiche" – Ihre Position steht unverrückbar fest. Nachgeben ist für Sie gleichbedeutend mit Niederlage, deshalb versuchen Sie den anderen niederzuringen. Sie haben stets Ihre Ziele im Blick. Die Kommunikation: aufgerüstet durch rhetorische Finessen, Überrumpelungstechniken und verbale Kraftmeierei. Ihre Kommunikationspartner geben nach, weil sie sich Ihrer Gewandtheit nicht gewachsen fühlen oder den Kampf satt haben, aber nicht weil sie überzeugt sind. Echte Unterstützung dürfen Sie deshalb nicht erwarten.

Das wandlungsfähige Quecksilber

Sie haben die (oft schmerzhafte) Erfahrung gemacht: Wer deutlich Position bezieht, muss mit Gegenwind und Ablehnung rechnen. Die Folge: Sie verhalten sich an der Oberfläche nachgiebig und kompromissbereit, klare Forderungen und Auseinandersetzungen liegen Ihnen nicht. Ihre Interessen versuchen Sie lieber durch hintergründige Andeutungen, das Schaffen von Fakten oder Rekrutieren von Hilfstruppen zu verwirklichen. Die Kommunikation: freundlich, aber oft indirekt und mit klagendem Unterton, gegenüber vermeintlich Stärkeren niemals dominierend, unter Gleichen durchaus stark. Ihre Kommunikationspartner nehmen Sie als wackligen Kantonisten wahr und knabbern womöglich an Enttäuschungen. Deshalb ist auch hier echte Unterstützung selten.

Was heißt souverän?

Wenn Sie sich durchsetzen wollen, müssen Sie für Ihre Interessen Überzeugungsarbeit leisten. Und Sie wissen vielleicht aus eigener Erfahrung: Menschen können nicht gegen ihren Willen überzeugt werden. Sie gehen nur mit, wenn ihre Bedürfnisse, Sichtweisen und Erfahrungen berücksichtigt, zumindest aber anerkannt werden. Ihr Motto ist daher: Jeder gewinnt – so weit wie möglich. So zeigt sich Ihre Souveränität: Sie sind sich über Ihre eigenen Interessen im Klaren und setzen sich offen und beharrlich dafür ein. Gleichzeitig gehen Sie fair auf Ihre Kommunikationspartner ein. Wenn andere Sie ausknocken wollen, können Sie auch die Zähne zeigen. Die Kommunikation: freundlich, klar, direkt, mit großem Einfühlungsvermögen, aber auch mit der Bereitschaft zu Konfrontation und Abgrenzung. Ihre Gespräche bereiten Sie strategisch vor. Ihre Kommunikationspartner können Sie respektieren, denn Sie treten mit offenem Visier an.

> Souveräne Kommunikation bedeutet, die eigenen Interessen mit geeigneten Mitteln und Strategien beharrlich zu vertreten und gleichzeitig fair auf den anderen einzugehen.

Wenn Sie souverän kommunizieren wollen, sollten Sie folgende Grundregeln und -elemente menschlicher Kommunikation kennen.

Die kommunikativen Ebenen

Jede Kommunikation verläuft parallel auf zwei Ebenen: Auf der Sachebene reden Sie über Inhalte, gleichzeitig prägen Sie auf der emotionalen Ebene die Beziehung zum anderen.

Wenn die Beziehung zwischen Ihnen beiden gestört ist, schiebt sich die negative Emotion in den Vordergrund. Das Hauptinteresse der Gesprächspartner liegt dann nicht mehr bei der Sache. Wahrnehmung und Energie werden vielmehr gebunden durch Gefühle wie Misstrauen, Angst, Ärger oder verletztes Selbstwertgefühl. Wichtige Teile der Sachinformation gehen verloren.

Beispiel

 Verkaufsleiter Krause ist zum Kennenlerngespräch bei seinem neuen Vorgesetzten Döring eingeladen. „Guten Tag, Herr Krause.", begrüßt ihn Döring knapp. „Ich habe mir Ihre Zahlen angesehen. Sie müssen ganz schöne Schwierigkeiten in Ihrem Verkaufsgebiet haben." Krause schnappt nach Luft und geht innerlich in Abwehrhaltung: „So ein Mistkerl!", denkt Krause, „Aber von dem lass' ich mir nichts anhängen." Mit halbem Ohr bekommt er noch mit, dass Döring etwas von struktureller Unterstützung erzählt. Die Diskussion über Verbesserungsmöglichkeiten im Vertrieb verläuft daraufhin äußerst kurz und frostig.

Die Atmosphäre muss stimmen

Wenn es Ihnen nicht gelingt, eine positive oder zumindest neutrale Atmosphäre zu schaffen, minimieren Sie die Chancen für Ihre sachlichen Anliegen. Vermeiden Sie also persönliche Herabsetzungen, spendieren Sie vielmehr dem anderen persönliche Anerkennung. Das bedeutet nicht, dass Sie auch seiner Meinung sein müssen, trennen Sie Sache und Person.

> Die Beziehungsebene dominiert die Inhaltsebene und entscheidet über den Verlauf Ihrer Gespräche.

Feedback als Wegweiser

Es wäre ja auch denkbar, dass sich Herr Döring aus unserem Beispiel Krauses Zahlen mit Schwächen der Vertriebsstruktur erklärt und ihn unterstützen will. Doch es spielt überhaupt keine Rolle, wie der Sprecher (= Sender) was wie wirklich gemeint hat. Entscheidend ist, wie der Hörer (= Empfänger) einer Aussage diese auffasst. Und das erkennen Sie an seiner Reaktion, Sie erhalten dadurch eine Rückmeldung (Feedback).

Achten Sie auf die Signale des anderen

Wenn Ihr Gesprächspartner positiv reagiert und für Ihre Vorstellungen offen ist, heißt das, dass Sie kommunikativ auf dem richtigen Weg sind. Wenn er nicht so reagiert, wie Sie es erwartet haben, seien Sie nicht eingeschnappt und reagieren Sie nicht mit Abwehr oder Angriff, sondern werten Sie die Reaktion neutral als Information darüber, dass Sie Ihre Strategie oder Ihr Verhalten ändern müssen.

Das Zusammenspiel von Sprache und Körpersprache

Beispiel

Die Konferenz ist seit einer halben Stunde in vollem Gange. Da geht die Tür auf, Sachbearbeiterin Pieper kommt herein und hetzt zu ihrem Platz. „Schön, dass Sie sich für uns noch freimachen konnten.", bemerkt Abteilungsleiter Kunze mit ironischem Tonfall und verdreht die Augen.

Toll, dass sich Abteilungsleiter Kunze so freuen kann. Das könnte man denken, wenn man nur seine Worte in Betracht zieht. Sein körpersprachliches Verhalten drückt jedoch etwas ganz anderes aus: Gereiztheit und Missbilligung. Welcher Aussage glauben Sie, was ist die eigentliche Botschaft?

Unsere Körpersprache verläuft in erster Linie unbewusst und übermittelt unsere Gedanken und Gefühle direkt und unzensiert. Daher glauben Kommunikationspartner im Zweifelsfall der Körpersprache, wenn sprachliche (verbale) und körpersprachliche (nonverbale) Signale nicht übereinstimmen. Unsere Körpersprache prägt entscheidend die Beziehungsebene und wie das, was gesprochen wird, einzuordnen ist. Zur Körpersprache gehören:

- Mimik: Bewegungen des Gesichts und des Kopfes,
- Gestik: Gebärden der Arme und Hände,
- Haltung: Körperhaltung und deren Veränderungen,
- Distanz: räumlicher Abstand,
- Tonfall: Sprechweise, nichtsprachliche Laute.

Körpersprache und Redeinhalt sollten harmonieren

Achten Sie auf die Körpersprache Ihres Partners! Dadurch erfahren Sie, ob er auf Ihrer Wellenlänge mitschwingt oder nicht. Sie selbst besitzen die größte Überzeugungskraft, wenn Ihre Aussage mit Ihrer Körpersprache harmoniert, also beides in die gleiche Richtung weist. Lächeln Sie also nicht, wenn Sie gravierende Kritik üben, schauen Sie nicht wie Madame Miesepetra, wenn Sie andere anerkennen.

Klar kommunizieren: die vier Seiten einer Nachricht

In manchen Situationen gelingt es Ihnen vielleicht nicht, die eigenen Interessen klar genug zu vertreten. Oder Sie reagieren heftig auf eine Aussage des anderen, und der kann das nicht nachvollziehen und blockt ab. Oder Sie überhören, worum es dem anderen eigentlich geht, und finden deshalb keinen Weg, fair auf ihn einzugehen. Das könnte damit zusammenhängen, dass in jeder Aussage vier verschiedene Teilbotschaften stecken.

Ausdruck des Senders	Eindruck des Empfängers
Sachinhalt: Über welche Fakten und Inhalte informiere ich?	Sachinhalt: Welche Sachverhalte hat der andere mitgeteilt?
Beziehung: Wie stehe ich zum anderen? Wie sehe ich ihn?	Beziehung: Wie ist die Beziehung des anderen zu mir? Was hält er von mir?
Selbstoffenbarung: Wie stelle ich mich dar? Was zeige ich von meiner Befindlichkeit?	Selbstoffenbarung: Was ist der andere für ein Mensch? Was ist gerade los mit ihm?
Appell: Wie soll sich der andere verhalten? Was soll er denken oder fühlen?	Appell: Was erwartet der andere von mir? Was soll ich tun, denken oder fühlen?

(nach Friedemann Schulz von Thun)

Jede Aussage beinhaltet alle vier Aspekte. Je nach Situation kann auch eine Teilbotschaft im Vordergrund stehen. Missverständnisse entstehen, wenn der Sender die Teile nicht eindeutig formuliert, auf die es ihm ankommt, oder der Empfänger nur eine einzige Teilbotschaft heraushört, die falsche für die wichtigste hält oder Botschaften ganz anders interpretiert. Die Reaktion des Empfängers entscheidet dabei über den weiteren Verlauf des Gesprächs.

Beispiel

Die vierteljährliche Abteilungsleiterkonferenz steht an. Im letzten Jahr hat Frau Schön, die Sekretärin eines Abteilungsleiters, sämtliche Konferenzen organisiert. Nun ist sie der Meinung, eine andere Sekretärin könne das übernehmen, da die Sache mit erheblicher Zusatzarbeit verbunden ist. Gegenüber ihrem Vorgesetzten bemerkt sie in vorwurfsvollem Ton: „Im letzten Jahr habe ich alle Konferenzen gemacht." Der Chef antwortet: „Das war super. Sie sind die Beste dafür, dann übernehmen Sie das wieder."

Ausdruck der Sekretärin	Eindruck des Vorgesetzten
Sachinhalt: Ich habe im letzten Jahr alle vier Konferenzen organisiert.	Sachinhalt: Frau Schön hat im letzten Jahr alle vier Konferenzen organisiert.
Beziehung: Du bist als Vorgesetzter für mich verantwortlich, und ich muss machen, was Du sagst.	Beziehung: Sie findet mich als Chef o.k., wenn ich sie lobe.
Selbstoffenbarung: Ich bin ausgelastet und möchte es diesmal nicht übernehmen.	Selbstoffenbarung: Sie ist stolz auf ihre Leistung und will das Projekt nicht abgeben.
Appell: Übergib die Sache diesmal jemand anderem.	Appell: Ich soll ihre Arbeit anerkennen, indem ich sie die Sache weiterhin machen lasse.

Bleiben Sie klar und direkt

Winken Sie nicht mit Zaunpfählen, sondern sprechen Sie direkt an, worum es Ihnen geht. Sonst dürfen Sie sich nicht wundern, wenn Sie nicht das bekommen, was Sie wollen. Überprüfen Sie als Empfänger auch Ihre eigenen Reaktionen: Sind Sie „anfällig" für bestimmte Interpretationen und Teilbotschaften, die vielleicht gar nicht so gemeint waren?

Übung: Kommunikationsstörungen klären

Erinnern Sie sich an eine Situation mit einem Gesprächspartner, in der Sie sich durchsetzen wollten, es aber nicht geschafft haben. Analysieren Sie die Kommunikation: Wie war die Situation? Was hat der Sender gesagt? Wie hat der Empfänger darauf reagiert?

(Möglicher) Ausdruck des Senders	(Möglicher) Eindruck des Empfängers
Sachinhalt:	Sachinhalt:
Beziehung:	Beziehung:
Selbstoffenbarung:	Selbstoffenbarung:
Appell:	Appell:

- Wo gab es Missverständnisse?
- Gibt es Teilbotschaften, die Sie als Sender gerne vermeiden? Warum?
- Gibt es Teilbotschaften, die Sie als Empfänger besonders deutlich heraushören oder auf die Sie besonders leicht und ungünstig „anspringen"? Warum?

Ich-Botschaften: Sprich per „ich"

Wenn Sie sich durchsetzen wollen, müssen Sie also klar kommunizieren und Ihre Wünsche und Forderungen unmissverständlich ausdrücken. Doch das ist für viele leichter gesagt als getan. Denn einerseits wollen sie sich behaupten, andererseits haben sie auch Befürchtungen, ihre Bedürfnisse und Erwartungen so deutlich preiszugeben. Sie haben Angst vor Kritik, vor Zurückweisung, vor einem Nein.

In Gesprächen und Diskussionen zeigt sich das in kommunikativen „Nebelkerzen":

„Nebelkerze"	statt	„Ich"-Botschaft
MAN müsste das mal ansprechen.	statt	ICH erwarte, dass Sie das morgen ansprechen.
WIR dürfen uns das nicht bieten lassen.	statt	ICH fühle mich ausgenutzt und wünsche mir ...
DU bist unverschämt.	statt	ICH bin enttäuscht von deinem Verhalten.
ES wäre gut, wenn keiner rauchen würde.	statt	ICH hätte gerne frische Luft im Raum und bitte Sie ...

Wenn Sie die Worte „man", „wir", „du", „es" gebrauchen, obwohl es um IHRE Interessen geht, so geschieht das oft, um

- der Verantwortung für das Gesagte auszuweichen,
- eigene Bedürfnisse, Emotionen, Positionen zu verschleiern,
- andere auf Distanz zu halten und sich zu schützen,
- andere unmerklich in die eigene Richtung zu lenken.

Zum Durchsetzen gehört die Fähigkeit, das Wörtchen „ich" zu gebrauchen. Sie positionieren sich dadurch klar und zeigen dem anderen, dass Sie hinter Ihrer Aussage stehen. Gleichzeitig betonen Sie die Subjektivität Ihrer Worte und jubeln dem anderen nichts unter, gegen das er sich zur Wehr setzen muss (wie vor allem mit den Worten „du" oder „wir").

Mit einem klaren „ich" setzen Sie sich durch

Verwenden Sie klare Ich-Botschaften, wenn es um Ihre Interessen und Standpunkte geht, vermeiden Sie Wischiwaschi-Aussagen. Achten Sie darauf, auch den Standpunkt des anderen zu erfragen. Denn wer nur noch „ich" verwendet, gerät zu Recht in den Ruf des Egozentrikers.

Übung: Ich-Botschaften senden

Sammeln Sie Man-, Wir-, Du / Sie-, Es-Botschaften, die Sie häufig verwenden, wenn Sie sich durchsetzen wollen.

- Überlegen Sie, was Sie mit der „Nebelkerze" unbewusst erreichen wollen. Überdenken Sie, ob dieses verdeckte Ziel Ihrer Durchsetzungskraft dient.
- Formulieren Sie die unzweckmäßigen Aussagen in Ich-Botschaften um.

Wie Sie Ihre Gesprächspartner besser ins Boot holen

Kennen Sie auch die Durchsetzungsstrategie „Engelszungen"? Sie haben sich mental in Hochform gebracht, Ihre Argumentation ausgefeilt und auf jeden möglichen Einwand eine passende Antwort vorbereitet. Doch nichts davon will bei Ihrem Gesprächspartner so richtig „andocken". Und je mehr Sie sein Zögern spüren, desto mehr Argumente werfen Sie ins Feld. Nach dem Motto „Viel hilft viel" hoffen Sie, dass sich unter der Menge Ihrer Argumente auch das endgültig durchschlagende befindet. Doch je mehr Sie auf den anderen einreden, desto mehr verschließt er sich.

Oder die Strategie „Zuckerbrot"? Dahinter steckt die Annahme, dass Sie den anderen erst durch Schmeicheleien, Unterordnung oder Zugeständnisse gnädig stimmen müssen, bevor Sie Ihre eigenen Ziele durchsetzen können. Doch ach du Schreck: Statt sich über Ihre Wohltaten zu freuen, reagiert der andere abwehrend, aggressiv oder empört.

Wenn Sie nicht vor unsichtbare Wände laufen wollen, müssen Sie als Nächstes lernen, sich auf die Welt Ihres Gesprächspartners einzustellen. Denn nur wer den anderen wahrnimmt, findet die notwendigen individuellen Ansätze, um ihn zu überzeugen.

Klären Sie den Bezugsrahmen!

Jeder Mensch sieht die Welt durch seine ganz persönliche Brille. Diese Sicht wird durch drei Grundfragen bestimmt:

- Wer bin ich und was ist mir wichtig?
- Was ist von anderen Menschen zu halten?
- Nach welchen Regeln funktioniert die Welt?

Unser Bezugsrahmen entsteht durch die Erfahrungen, die wir im Laufe unseres Lebens machen und unbewusst verallgemeinern. Er dient uns als Gebrauchsanleitung für das Leben, und wir richten unser Verhalten daran aus. Dieses Bild von der Welt ist recht stabil, weil es uns scheinbar verlässliche Orientierung bietet. Jede Neuorientierung bringt zunächst Unsicherheit und kostet daher psychische und emotionale Energie. Deshalb werden unsere Gesprächspartner ihren Bezugsrahmen nach Kräften verteidigen – wie wir selbst auch.

Beispiel: Aufstieg oder Ausstieg?

Teamleiter Jobst Linden ist froh über den neuen Mitarbeiter: Karl Dudzik soll im notorisch überlasteten Team die täglich anfallenden Buchungen übernehmen – ein simpler Routinejob. Dudzik erledigt seine Arbeit so schnell, gewissenhaft und engagiert, dass Linden nach einiger Zeit versucht, ihm zusätzlich höherwertige Aufgaben anzuvertrauen und ihn damit „weiterzuqualifizieren". In seinem Bezugsrahmen sollte jeder seine Fähigkeiten ausbauen und einen Aufstieg anstreben, besonders als Mann und Ernährer der Familie. Doch Dudzik blockt ab: Zusätzliche Tätigkeiten bedeuten häufige Überstunden. In seinem Bezugsrahmen sollte ein Familienvater aber viel Zeit mit Frau und Kindern verbringen. Außerdem waren in seiner Familie Karrieristen immer verschrien. Jobst Linden appelliert an Dudziks Ehrgeiz, schildert die Vorzüge anderer Aufgabengebiete, lockt mit höherem Gehalt und setzt ihn schließlich unter Druck, indem er ihm vorwirft, die Kollegen im Stich zu lassen. Ohne Erfolg. Das Klima wird immer frostiger und Dudzik lässt sich in eine andere Abteilung versetzen. Als ihn seine Frau fragt, warum er denn nicht wenigstens ein klärendes Gespräch mit Linden gesucht habe, reagiert Dudzik wütend: „Kohle ist mir eben nicht so wichtig. Und so ein Schlipsträger-Job ist nichts für mich. Außerdem weiß doch jeder, dass bei uns die Führungskräfte sowieso machen, was sie wollen. Ich bin doch nur ein kleines Licht, da hört keiner auf mich. Und dem Linden hat meine Nase von Anfang an nicht gepasst."

Unser Bezugsrahmen ist ein Muster aus Gedanken, Gefühlen, Verhaltensweisen und setzt sich zusammen aus:

- Vorannahmen und Phantasien,
- Einstellungen und Vorurteilen,
- Wünschen und Befürchtungen,
- Wertvorstellungen und Verhaltensnormen.

„Wir sehen die Welt nicht, wie sie ist. Wir sehen die Welt, wie wir sind."
Aus dem Talmud

Wenn Sie sich bei Ihren Gesprächspartnern effektiv durchsetzen wollen, müssen Sie deren Bezugsrahmen in Ihrer Strategie berücksichtigen. Andernfalls dürfen Sie sich nicht wundern, wenn der andere seine Verteidigungswälle hochzieht oder es zu Missverständnissen kommt. Jeder geht nämlich unbewusst davon aus, dass der eigene Bezugsrahmen auch für andere Menschen gilt. Wie aber kommen Sie hinter den Bezugsrahmen Ihres Gesprächspartners?

Hören Sie aktiv und analytisch zu

Sind Sie emotional und gedanklich in erster Linie mit Ihrer eigenen Position beschäftigt, wenn Sie sich durchsetzen wollen? Feilen Sie bereits an den eigenen Argumenten, während der andere noch redet? Warten Sie nur auf die Stelle, an der der andere Luft holt und Sie nun selbst einsteigen können? Diese Verhaltensweisen sind weit verbreitet, doch auf diese Weise entgehen Ihnen wichtige Informationen darüber, wie der andere denkt, fühlt, entscheidet.

Überzeugend argumentieren können Sie nur, wenn es Ihnen gelingt, sich in Ihr Gegenüber hineinzuversetzen. Dazu brauchen Sie Geduld und die Fähigkeit, aktiv und analytisch zuzuhören:

- Konzentrieren Sie sich ganz auf Ihren Gesprächspartner und verfolgen Sie seinen Gedankengang bis zum Schluss.
- Fragen Sie sich, was er Ihnen alles mitteilt:
    - Was ist der Kern seiner Sachinformationen?
    - Was ist ihm wichtig? Was beschäftigt ihn? Wie ist ihm gerade zumute?
    - Welche Interessen verfolgt er mit dem, was er sagt? Welche Wünsche und Befürchtungen schwingen mit?
    - Wie ist der Kontakt zu mir? Zu anderen? Welche Beziehungen und Verflechtungen spielen eine Rolle für ihn?
- Prüfen Sie aber auch, wie stichhaltig die Argumente sind. Achten Sie auf Verallgemeinerungen, Vorannahmen, Unterstellungen, Schwammigkeiten, Scheinbegründungen.
- Bleiben Sie sich Ihres eigenen Bezugsrahmens bewusst! Er verführt dazu, nur das zu hören, was man hören will: Was den eigenen Vorstellungen entspricht, wird aufgebauscht, was nicht, wird überhört und ausgeblendet.

Klären Sie die Bedeutung von Aussagen

Beispiel

 Sachbearbeiter Max Krause ist sauer. Hatte er sich doch endlich zu einem Krisengespräch durchgerungen und dabei mit seiner Kollegin Tina Klein vereinbart, dass diese mehr Schadensmeldungen pro Woche bearbeiten solle. Nach einem Monat hat er den Eindruck, dass sich nichts geändert hat. Zur Rede gestellt, reagiert Tina Klein empört: „Ich habe 4 Fälle die Woche mehr gemacht." Krause entgleist das Gesicht: „Nur 4 Fälle? Wir haben mindestens 20 Fälle pro Woche, die liegen bleiben!"

Offensichtlich haben sich die beiden nicht darüber verständigt, was sie konkret unter „mehr" verstehen. Denn jeder Mensch gibt Worten die Bedeutung, die seinem eigenen Bezugsrahmen entspricht. Klären Sie, was der andere meint. Achten Sie dabei aufmerksam auf die vier Aspekte seiner Nachricht. Geben Sie den Gehalt der Nachricht mit eigenen Worten wieder (paraphrasieren), sprechen Sie auch unterschwellige Motive und Gefühle an (verbalisieren).

Beispiele: Paraphrasieren	Beispiele: Verbalisieren
Wenn ich Sie richtig verstanden habe …	Sie befürchten also, dass …
Sie meinen also, dass …	Ich habe den Eindruck, Sie sind jetzt sehr enttäuscht.
Ich fasse noch mal zusammen …	
Für Sie kommt es also darauf an …	Sie fühlen sich …
Mit anderen Worten …	Ich kann mir vorstellen, dass Sie sich genau das wünschen.

Vermeiden Sie dabei eigene Interpretationen und Bewertungen! Ihr Partner setzt sich sonst zu Recht dagegen zur Wehr, dass ihm das Wort im Mund herumgedreht wird.

Beispiel: Eine Unterstellung

A: „In dieser Situation müssen wir alle Opfer bringen."

B: „Wenn ich Sie richtig verstehe, wollen Sie die Lage nutzen, um aus uns noch das letzte Bisschen herauszupressen."

Fragen Sie nach

Der Bezugsrahmen setzt sich aus vielen Mosaiksteinen zusammen. Erkunden Sie den Ihres Gegenübers durch gezielte Fragen. Dazu eignen sich besonders folgende Fragearten:

	Offene Fragen
Woran erkennen Sie sie?	Beginnen mit einem Fragewort (W-Fragen): was, wer, wie, wozu …
Wie wirken sie?	Öffnen den Gesprächspartner, da er die Antwort frei formulieren kann.
Wann setzen Sie sie ein?	<ul><li>Wenn Sie den Partner zum Reden anregen möchten.</li><li>Wenn Sie möglichst viele Informationen über eine Sachlage brauchen.</li><li>Wenn Sie etwas über Motive, Sichtweisen, Einstellungen und Bewertungen Ihres Partners erfahren möchten.</li></ul>
Beispiele	<ul><li>Wie sehen Sie das?</li><li>Was bedeutet das für Sie?</li><li>Inwiefern ist das wichtig für Sie?</li><li>Worauf kommt es Ihnen besonders an?</li><li>Was verstehen Sie konkret darunter?</li><li>Welche Erwartungen haben Sie?</li></ul>

	Geschlossene Fragen
Woran erkennen Sie sie?	Beginnen mit einem Verb oder Hilfsverb: haben, können, wollen …
Wie wirken sie?	Bremsen oder bringen den Gesprächspartner auf den Punkt, da er knapp mit „ja" oder „nein" antworten kann.
Wann setzen Sie sie ein?	• Wenn Sie kurz überprüfen möchten, ob Sie richtig verstanden haben. • Wenn Sie ein Thema vorsichtig anstoßen möchten. • Wenn Sie eine Bestätigung oder Entscheidung brauchen. • Wenn Sie Ihren Partner dazu bringen möchten, klar Position zu beziehen.
Beispiele	• Meinen Sie damit, dass …? • Habe ich richtig verstanden, dass …? • Sind Sie einverstanden, wenn …? • Wollen Sie also …? • Können wir also festhalten …? • Ist das jetzt Ihr letztes Wort?

Wichtig: Setzen Sie Fragen bewusst und gezielt ein! Fragen Sie nichts Überflüssiges ab, befriedigen Sie nicht lediglich Ihre Neugierde. Sonst bekommt Ihr Partner den Eindruck, er werde verhört, reagiert mit Abwehr und „macht dicht".

„Wenn es ein Geheimnis des Erfolgs gibt, so ist es das, den Standpunkt des anderen zu verstehen und die Dinge mit seinen Augen zu sehen." (Henry Ford)

Stellen Sie eine Wellenlänge her

Erinnern Sie sich: Die Beziehungsebene bestimmt, wie die Sachebene aufgenommen wird. Sie brauchen also einen guten Kontakt zu Ihrem Gegenüber, wenn Sie sich ohne große Reibungen mit Ihren Interessen durchsetzen wollen.

Der gute Draht entsteht, wenn sich Menschen sympathisch sind. Das wissen Sie natürlich auch. Aber wie entsteht Sympathie? Zum einen, wenn die Partner beim anderen Akzeptanz und Wertschätzung ihrer Person spüren und nicht um ihren Wert und ihre Würde kämpfen müssen. Damit verbunden ist die Grundposition „Ich bin o.k. – Du bist o.k.". Zum anderen sind uns Menschen sympathisch, die uns ähnlich sind: in Einstellungen, Verhaltensweisen oder äußeren Merkmalen.

Man hat festgestellt, dass Menschen, die sich gut verstehen, unbewusst diese Ähnlichkeiten produzieren und sich angleichen. Umgekehrt funktioniert es auch: Wer sich ähnlich ist, versteht sich besser. Stellen Sie also in Gesprächen diesen zwischenmenschlichen Gleichklang bewusst her, indem Sie sich auf Denken und Verhalten des anderen einstellen. Sie docken auf diese Weise am Bezugsrahmen Ihres Gesprächspartners an. Um diesen guten Kontakt (Rapport) zu erzielen, haben Sie vielfältige Möglichkeiten:

Checkliste: Rapport herstellen

Bereich	Möglichkeiten der Angleichung
Körpersprache	<ul><li>Sprechgeschwindigkeit, Tonfall</li><li>Atemrhythmus</li><li>Mimik, Gestik</li><li>Körperhaltung, Körperspannung</li><li>gleiche räumliche Ebene, z. B. beide sitzen oder stehen</li><li>äußeres Erscheinungsbild, z. B. formell oder lässig</li></ul>
Sprache	Sprachmuster, z. B. Formulierungen, Fach- und Schlüsselwörter wiederholen; bildhafte, gefühlsbetonte oder sachliche Sprache verwenden; kurze, knappe oder detailreiche Aussagen
Einstellungen	<ul><li>Was ist uns wichtig?</li><li>Was lehnen wir ab?</li><li>Was macht uns Spaß?</li></ul>

Rapport herstellen bedeutet nicht, den anderen nachzuäffen oder zwanghaft der gleichen Meinung zu sein. Der gute Kontakt entsteht vielmehr, weil Sie dem anderen zeigen, dass Sie ihn respektieren, so wie er ist, ihn aufmerksam wahrnehmen und sich für seine Gedanken und Gefühle interessieren.

Ist Ihnen der Rapport gelungen, können Sie je nach Situation und den von Ihnen verfolgten Zielen den Kontakt weitergestalten:

- Rapport bewusst unterbrechen, um:
  - ein Gespräch abzukürzen und zum Ende zu führen,
  - redselige Gesprächspartner zu bremsen,
  - dem Gesprächspartner Grenzen zu setzen, z. B. wenn er sich unfair verhält und Sie Ihre Haltung „ich bin o.k. / du bist o.k" nicht mehr aufrecht erhalten können,
  - eigene Grenzen zu markieren, z. B. wenn Sie Ihr wirklich letztes Angebot oder Zugeständnis gemacht haben.
- Sprachliche und körpersprachliche Muster schrittweise verändern, um:
  - den Gesprächspartner auf unbewusster Ebene einzuladen, sich auf alternative Sichtweisen einzulassen,
  - den Gesprächspartner zu führen, damit er sich Ihrer Strategie und Zielrichtung anschließt.

> „Am meisten mögen wir die, die uns ähnlich sind und die sich für dieselben Ziele einsetzen wie wir." (Aristoteles)

Wie Sie überzeugend argumentieren

Ihre Durchsetzungskraft fördern Sie nachhaltig durch eine Argumentation, die zwei Erfolgskriterien miteinander verbindet:

- Sie stellt den eigenen Standpunkt mit wirkungsvollen Formulierungen dar.
- Sie knüpft am Bezugsrahmen des Partners an und baut auf seinen Sichtweisen und Erwartungen auf.

Nutzen Sie dafür die folgenden Steuerungselemente in Ihrer Argumentation.

Element 1: kraftvoller Sprachstil

Beispiel

Teamleiterin Diehl kommt unter Druck, denn die Diskussion läuft komplett aus dem Ruder. Nur noch zehn Minuten Besprechungszeit, und ihre Mitarbeiter bleiben nicht beim Thema, sondern haken sich in Histörchen, Frotzeleien und Nebengesprächen fest. Diehl entschließt sich einzugreifen: „Entschuldigung, aber könnten wir vielleicht noch mal zum Thema kommen? Ich würde das eigentlich gerne heute noch abschließen." Die Truppe zeigt sich wenig beeindruckt, nach kurzer Zeit geht das Getümmel weiter.

Unsichere Menschen wagen oft nicht, ihre Forderungen klar zu formulieren. Stattdessen benutzen sie unbewusst verbale „Weichspüler", um die vermeintlich harte Forderung abzufedern und die Beziehung zu anderen nicht zu gefährden. Doch sie schwächen damit die eigene Aussagekraft und werten die eigenen Belange als nebensächlich ab. Gerade Frauen neigen dazu, eigene Interessen verbal zu verharmlosen. Wenn Sie sprachlich jedoch auf Macht verzichten, laden Sie Ihr Gegenüber geradezu ein, die eigene Meinung durchzusetzen.

Checkliste: Vorsicht Weichspüler!

Konjunktive	könnte, dürfte, müsste, sollte, wäre, hätte
Entschuldigungen	„Tut mir leid, aber ..." usw.
Floskeln	eventuell, eigentlich, vielleicht, irgendwie, manchmal
unbeendete Aussagen	„Könnten wir schon so machen ..." (... aber ich halte das für keine gute Lösung.)
Fragen statt Aussagen	„Das geht so nicht in Ordnung?" „Wir entscheiden das jetzt?"
Selbstverkleinerungen	„Ich verstehe nicht viel davon, aber muss man nicht erst den Strom anstellen?"
Zaunpfähle	„Die Tastaturen müssten mal wieder gereinigt werden." „Scheint schwirig zu sein, die Belege richtig abzuheften."

Nutzen Sie die Elemente souveräner Kommunikation, formulieren Sie Ich-Aussagen!

Beispiel

 Teamleiterin Diehl ist mit folgender Aussage sicherlich erfolgreicher: „Bitte lassen Sie uns beim Thema bleiben. Ich möchte den Punkt in den letzten zehn Minuten noch abschließen."

Element 2: deutliche Formulierungen
Beispiel

„Also, was ich noch sagen wollte ..., aber nur wenn jetzt kein anderer ... nein? Also gut, äh, was ich zum Ausdruck bringen will, ist, dass – bei allem Verständnis für individuelle Präferenzen in der Perzeption von Ereignisfolgen – wir die Kausalitäten dieser, ähm, unschönen, um nicht zu sagen prekären Situation nicht aus den Augen verlieren dürfen. Sind wir da ..., also der Vorstand ist auch der Meinung, ... oder wie sehen Sie das?"

Ausschlaggebend für die Überzeugungskraft Ihrer Argumente ist nicht die Anzahl der Worte, sondern deren Qualität! Formulieren Sie Ihre Argumente deutlich und gezielt, sonst erkennt Ihr Gegenüber den Wald vor lauter Bäumen nicht. Auch gefühlsmäßig reagiert Ihr Partner positiver auf Aussagen, die er sofort versteht.

- Formulieren Sie kurze Sätze, verwenden Sie gebräuchliche Wörter. Sprechen Sie deutlich.
- Gliedern Sie Ihren Gedankenablauf logisch. Machen Sie bei längeren Aussagen den roten Faden deutlich. Dabei helfen Ihnen auch die Gliederungsformeln von Seite 79.
- Konzentrieren Sie sich auf das Wesentliche: Weniger ist meistens mehr.

Element 3: logische Argumente

Verleihen Sie Ihren Argumenten Kraft, indem Sie Ihre Gedanken nachvollziehbar aufbauen. Das logische Grundmuster der Argumentation besteht aus zwei Schritten: aus einer These und einem oder mehreren Argumenten, die diese begründen.

These	Argument
Behauptung	⇔ Beweis
Forderung	⇔ Begründung
Schlussfolgerung	⇔ Voraussetzung
Lösungsvorschlag	⇔ Problemstellung

Die These (T) kann vor oder nach dem Argument (A) stehen. Sie können sie durch Verknüpfungswörter markieren: „deshalb", „darum", „folglich". Argumente können Sie durch Wörter wie „denn" und „weil" einführen. Bei kontroversen Themen ist es günstiger, wenn Sie Ihre These erst nach den Argumenten nennen. Denn wenn Ihr Gesprächspartner erst mal Ihre Position kennt, sucht er meist sofort nach Gegenargumenten und folgt Ihren Argumenten nur mit einem Ohr.

Vorschläge für Thesen und Argumente

T: „Die von mir vorgeschlagene Lösung ist die effektivere,	⇔	A: denn sie verkürzt die Bearbeitungsdauer um einen halben Tag."
T: „Wir sollten Frau Weber im nächsten Jahr befördern,	⇔	A: weil sie auch höherwertige Aufgaben hervorragend erfüllt hat."
A: „Ich habe verantwortlich alle Projekte zum Erfolg geführt,	⇔	T: folglich steht mir auch ein entsprechendes Gehalt zu."
A: „Die Luft in unserem Besprechungsraum ist zum Schneiden,	⇔	T: deshalb schlage ich vor, dass nur in den Pausen geraucht wird."

Element 4: positive Formulierungen

Das „Wie" Ihrer Aussage entscheidet, wie Ihr Gesprächspartner sie aufnimmt. Wenn Sie die Aufmerksamkeit des anderen auf Einschränkungen und negative Aspekte lenken, bringen Sie ihn emotional und mental in eine schlechte Verfassung. Negative Inhalte sind oft nicht zu vermeiden, wenn Sie die Sachlage nicht verfälschen wollen. Sie wirken jedoch sympathischer, wenn sie positiv formuliert sind. Steuern Sie also die Meinung des anderen, indem Sie ihn zu einer positiven Sichtweise anleiten.

negative Formulierung	positive Formulierung
Ich bin Montag nicht im Büro.	Ich bin ab Dienstag zu erreichen.
So geht das nicht.	Was halten Sie von dieser Idee?
In der Zeit ist das nicht zu schaffen.	Ich kann das in der gewünschten Qualität erledigen, wenn ich eine Stunde mehr Zeit bekomme.
Das weiß ich nicht, ich kenne mich da noch nicht aus.	Damit Sie eine gesicherte Antwort bekommen, möchte ich mich erst genau informieren.
Dafür bin ich nicht verantwortlich.	Das liegt in der Zuständigkeit von Herrn Meier.

Wenn Sie Forderungen oder Wünsche an jemanden richten, sind positive Formulierungen besonders wichtig. Denn negative Aussagen sind ineffektiv: Sie lassen ausschließlich Bilder vom Unerwünschten im Kopf des anderen entstehen, rufen häufig Widerspruch und Abwehr hervor. Konzentrieren Sie sich deshalb auf Ihre Ziele und formulieren Sie das Gewünschte positiv. So begünstigen Sie die Zustimmung und das Handeln des Partners in Ihrem Sinne, weil Sie seine Aufmerksamkeit lösungsorientiert auf das Ziel richten.

negative Problemformulierung	positive Zielformulierung
Diese Reparatur ist total vermurkst. Das werde ich mir nicht bieten lassen.	Was werden Sie tun, damit ich wieder mit Ihrer Werkstatt zufrieden bin?
Ich fände es total unangenehm, wenn wir wieder zu spät kommen.	Ich fände es total angenehm, wenn wir diesmal pünktlich kommen.
Bitte vermeiden Sie alle Terminzusagen, die mit mir nicht abgestimmt sind.	Bitte vereinbaren Sie in Zukunft ausschließlich Termine, die mit mir abgestimmt sind.

Wenn Sie sich durchsetzen wollen, ist eine Position der Stärke wichtig. Viele sabotieren sich selbst, indem sie sich und ihre Angelegenheiten in vorauseilender Bescheidenheit sprachlich verkleinern oder abwerten. Verpacken Sie Ihre Aussagen positiv nach dem Motto: Das Glas ist halb voll!

negativ: schwache Verpackung	positiv: starke Verpackung
Das Projekt ist nicht schlecht gelaufen.	Das Projekt habe ich mit meinem Team erfolgreich abgeschlossen.
Die Besprechungsteilnehmer waren einigermaßen angetan von dem Vortrag.	Der Vortrag hat die Teilnehmer weitgehend überzeugt, und folgendes sollten wir noch ergänzen ...
In diesem Bereich habe ich noch Defizite.	In diesem Bereich habe ich noch Steigerungsmöglichkeiten.

Element 5: Nutzenargumente

Ihre Argumente zünden nur, wenn Sie den Bezugsrahmen Ihres Partners berücksichtigen. Denn Sie werden sich nur dann mit Ihren Ideen und Vorschlägen durchsetzen, wenn der andere durch seine Zustimmung einen Nutzen hat. Führen Sie ihm also deutlich vor Augen, inwieweit Ihre Position seinen Interessen entspricht und er einen Vorteil gewinnt, wenn er sich Ihrer Position anschließt.

Checkliste: So bauen Sie Schritt für Schritt eine Nutzenargumentation auf

Bezugsrahmen klären	Erfragen Sie beim anderen • Sichtweisen, Werte • Kriterien, Entscheidungsstrategien • Bedürfnisse, Interessen, Erwartungen = mögliche Gründe, Ihnen zuzustimmen!
Bezugsrahmen bestätigen	Paraphrasieren und verbalisieren Sie die Kernpunkte. Ihr Partner sagt unwillkürlich „Ja" und fühlt sich verstanden.
Vorschlag machen	Beschreiben Sie Merkmale und Stärken Ihres Lösungsvorschlags.
Brücke zum Nutzen bauen	Arbeiten Sie durch eine Brückenformulierung auf den Vorteil hin.
Nutzen beschreiben	Verdeutlichen Sie, inwiefern die Zustimmung zu Ihrem Vorschlag ihm einen Vorteil, eine Lösung oder Hilfe bringt.

Beispiel

Verkäufer Peter Schmidt ist genervt. Das Sekretariat kommt bei der Erstellung von Unterlagen für eine Hausmesse nur schleppend voran. Nun möchte er eine Aushilfe einstellen, die die überlasteten Sekretärinnen unterstützt. Sein Chef ist von der

Idee nicht begeistert, denn er scheut die zusätzlichen Kosten, wie Schmidt herausgefunden hat. Schmidt argumentiert: „Für Sie kommt es also sehr darauf an, die Messekosten im Rahmen zu halten. Sie befürchten, dass es unser ohnehin knappes Budget sprengt, wenn wir noch jemanden bezahlen müssen. Von der Zeitarbeitsfirma könnten wir eine qualifizierte Aushilfe bekommen. Aufgrund ihrer Erfahrung kann sie die Arbeit in einer Woche erledigt haben. Das gewährleistet Ihnen überschaubare Kosten, und wir müssen den Sekretärinnen keine Überstunden vergüten, was womöglich teurer kommt."

Beispiele für Brückenformulierungen

Das bedeutet für Sie ...	Damit erreichen Sie ...
Das bringt Ihnen ...	Damit bewirken Sie ...
Das sichert Ihnen ...	Das erlaubt Ihnen ...
Damit erzielen Sie ...	Damit können Sie ...
... fördert Ihr ...	... versetzt Sie in die Lage ...
... dient Ihnen ...	... schafft Ihnen ...

Wie Sie Ihre Körpersprache als Kraftverstärker nutzen

Beispiel

Stefan Lohse sitzt im Gespräch mit seinem Chef. Lohse hatte darum gebeten, weil er eine Gehaltserhöhung bekommen möchte. Als sein Chef die übliche Frage stellt, warum er ihm denn mehr Geld zahlen solle, zuckt Stefan kurz zusammen. „Jetzt geht's ans Schaulaufen.", seufzt er innerlich und legt dann mit seiner sorgfältig vorbereiteten Argumentation los. Als er seine Leistungen konkretisiert, schaut er den Chef kaum an. Als er

> über ein Projekt spricht, das zwar erfolgreich, aber auch teurer als geplant war, redet er plötzlich so leise, dass der Chef nachfragen muss. Stefan rutscht unbehaglich auf seinem Stuhl hin und her. Der Chef beendet das Gespräch mit den Worten, er sei noch nicht überzeugt und müsse darüber nachdenken. Stefan ist enttäuscht: Schließlich hat er doch die richtigen Argumente vorgebracht – oder?

Wenn Sie sich in Gesprächen und Verhandlungen durchsetzen wollen, kommt es beileibe nicht nur auf Ihre Argumente an. Genauso wichtig ist es, dass Sie durch Ihre Körpersprache Selbstsicherheit und Souveränität signalisieren. Durchsetzungsschwache Menschen sabotieren ihre Ziele vor allem dadurch, dass sie sich körperlich klein machen und wenig Raum einnehmen, ihre Kritik oder Forderung durch Lächeln entschärfen, zu leise oder monoton sprechen und kaum Blickkontakt halten. Wenn Sie eine selbstsichere Ausstrahlung entwickeln wollen, können Sie auf einen Wechselwirkungsmechanismus setzen:

- **Die innere Haltung beeinflusst die äußere Wirkung:** Ihre Psyche meldet dem Körper, wie er sich verhalten soll. Unsicherheit schlägt sich in der Körpersprache nieder. Selbstbewusstsein und Zuversicht führen zu selbstsicherer Körpersprache. Stärken Sie Ihre Persönlichkeit!
- **Die äußere Haltung beeinflusst die innere Haltung:** Machen Sie sich bewusst, welche äußeren Signale Ihre Wirkung hauptsächlich beeinträchtigen. Trainieren Sie in diesen Bereichen die wichtigsten Signale der Selbstsicherheit. Andere Signale ziehen automatisch nach. Und Ihr Körper meldet Ihrer Psyche: Alles o.k., Selbstsicherheit und Gelassenheit empfinden!

Checkliste: Wichtige Körpersignale

Mimik	
untersicher – schwach	- ausweichender Blick, unterwürfiger Blick von unten nach oben - starrer, verspannter Gesichtsausdruck - Verlegenheitslächeln
sicher – souverän	- häufiger Blickkontakt zum Partner - flexibler, der Situation entsprechender Gesichtsausdruck
übersicher – aggressiv	- anstarren, aggressiv-arroganter Blick von oben nach unten - häufiges Augenbrauen- und Stirnrunzeln
Gestik	
untersicher – schwach	- keine, Hände und Arme spannungslos hängend oder hektisch-verkrampft - Bewegungen dicht am Körper - an sich selbst festhalten oder mit Gegenständen spielen, herumnesteln
sicher – souverän	- betonende Gesten zwischen Mund und Nabel, runde Bewegungen - ruhig und kontrolliert, lebhaft
übersicher – aggressiv	- Drohgebärden, nach vorne oder auf den anderen gerichtete Bewegungen - wildes Herumfuchteln, getaktete Bewegungen mit hoher Anspannung

Haltung	
untersicher – schwach	- sich klein machen, seitlich abwenden, Schultern hochziehen, Kopf schräg - Füße im Stand dicht zusammen - auf der äußersten Stuhlkante sitzen
sicher – souverän	- aufrechte Haltung, Schultern und Kopf gerade aufgerichtet halten - stabil und ruhig auf beiden Beinen stehen, Füße schulterbreit auseinander - ganze Sitzfläche ausfüllen
übersicher – aggressiv	- sich größer machen, Brustkorb aufplustern, Oberkörper weit vorbeugen, Kopf und Nase überhoch halten - breitbeiniger Stand
Distanz	
untersicher – schwach	- Distanz vergrößern, zurückweichen - möglichst wenig Raum beanspruchen
sicher – souverän	- Distanz flexibel der Situation anpassen - Raum beanspruchen
übersicher – aggressiv	- Distanz verringern, „auf die Pelle rücken", bedrängen
Tonfall	
untersicher – schwach	- leise, undeutliche Aussprache - monotone oder fragende Sprechmelodie - langsames Tempo, viele lange Pausen

sicher – souverän	- Lautstärke der Situation angepasst, deutliche Aussprache
- abwechslungsreiche Sprechmelodie
- ruhiges Tempo, angemessene Pausen
übersicher – aggressiv	- überlaut, extrem betonte Aussprache
- ausrufartige Sprechmelodie
- sehr schnelles, oft stakkatoartiges Tempo, sehr kurze oder keine Pausen

Wie Sie eine Gesprächsstrategie aufbauen

Bei einem Durchsetzungsgespräch geht es grundsätzlich immer darum, Position zu beziehen und die eigenen Wünsche und Bedürfnisse zu verwirklichen. Dabei können wir zwei Grundformen unterscheiden:

Das Überzeugungsgespräch

Hier wollen Sie Ihren Gesprächspartner dazu bringen, mit Ihnen zu kooperieren. Er soll sich Ihrer Meinung anschließen (oder sie zumindest akzeptieren), Ihre Einstellung teilen oder ein Verhalten zeigen, das Ihre Ziele aktiv unterstützt. Ihr Hauptaugenmerk liegt deshalb darauf, dem anderen Ihre Interessen so zu „verkaufen", dass er mit Ihnen an einem Strang ziehen möchte. Ihre Strategie: Sie berücksichtigen Wünsche und Bedürfnisse des anderen so weit wie möglich und verknüpfen sie mit der Erfüllung der eigenen Interessen für Lösungen zum beiderseitigen Vorteil.

Das Selbstbehauptungsgespräch

Hier wollen Sie sich in erster Linie klar positionieren, Stärke zeigen und sich von Ihrem Gesprächspartner abgrenzen. Wenn er nach dem Gespräch kooperiert: gut. Wenn nicht, nehmen Sie das in Kauf. Sie können sich innerlich davon lösen, dass der andere Ihren Standpunkt unbedingt gutheißt. Ihr Hauptaugenmerk liegt deshalb darauf, Ihre Meinungen und Wünsche deutlich und kraftvoll zu formulieren. Ihre Strategie: Sie teilen dem anderen Ihre Interessen glasklar mit, machen Hintergründe transparent, präsentieren Lösungen und zeigen zukünftige Auswirkungen auf. Punkt.

Die Situation bestimmt das Gespräch

Ihnen mag die erste Variante eher „weich", die zweite eher „hart" erscheinen. Tatsächlich stehen sie für zwei Pole situationsgemäßer Gesprächsführung. Für Sie ist es bei der Planung wichtig, sich mögliche Konsequenzen beider Varianten bewusst zu machen und situativ flexibel zu handeln. Denn nicht jedes Gespräch endet einvernehmlich. Manchmal stehen Lösungsalternativen oder die Zeit für Verhandlungen nicht zur Verfügung. Und wenn Ihr Gegenüber auf Ihre Kooperationsangebote nicht eingeht oder bewusst unfair handelt, heißt sich durchsetzen auch mal „Zähne zeigen"!

Ihre konkrete Gesprächsstrategie planen Sie in 3 Schritten:

1 Gesprächsziele setzen
2 Informationen und Argumente sammeln
3 Vorgehen planen

1. Schritt: Setzen Sie Gesprächsziele

Beispiel

 Sabine Groß war schwer enttäuscht: Der Motor ihres nagelneuen Autos hatte ohne erkennbare Ursache häufig gestottert. Als sie den Wagen aus der Werkstatt abholte, sagte ihr der Meister, man habe nichts finden können. Also fuhr Sabine wieder nach Hause – schuldbewusst, aber nicht für lange. Denn kurz vor ihrer Haustür gingen die Motorprobleme wieder los. Stinksauer fuhr Sabine in die Werkstatt zurück und blaffte den Meister an. Der blieb cool und sah nur eine Möglichkeit: Sie müsse das Auto noch einmal dalassen. Unversehens fand sich Sabine im Bus auf dem Weg nach Hause wieder. Und qualmte vor Wut: Warum hatte sie sich nur so abspeisen lassen? Und warum saß sie jetzt in einem unbequemen Bus und nicht auf Garantie in einem praktischen Ersatzauto?

Wenn Sie nicht genau wissen, was Sie erreichen wollen, sind Sie auf glückliche Zufälle und die Gunst Ihres Gesprächspartners angewiesen. Sie geben die Fäden aus der Hand und sind ein leichtes Opfer für halbgare Lösungen oder Überrumpelungsmanöver. Deshalb legen Sie mit der Klärung Ihrer Gesprächsziele den Grundstein für ein erfolgreiches Durchsetzungsgespräch! Formulieren Sie also als Erstes ein klares und realisierbares Gesprächsziel (am besten schriftlich):

- Um welche inhaltlichen Punkte geht es mir?
- Welchen Standpunkt, welche Wünsche und Interessen verknüpfe ich mit diesen Punkten?
- Welche Ziele möchte ich dazu auf der Sachebene erreichen? Welche auf der Beziehungsebene?

- Welche davon will ich auf jeden Fall erreichen? (Minimalziele)
- Welche nehme ich mir als Idealfall vor? (Maximalziele)
- Auf welche könnte ich verzichten? (aussortieren)
- Woran werde ich konkret messen bzw. erkennen, ob ich mein Ziel erreicht habe?

Berücksichtigen Sie bei der Zielformulierung die SMART-Formel (siehe S. 37)!

2. Schritt: Sammeln Sie Informationen und Argumente

Nun untermauern Sie Ihr Gesprächsziel durch stichhaltige Argumente. Sammeln Sie alles, was für Ihren Standpunkt und Ihre Zielsetzung spricht:

- Welche Informationen haben Sie über Ihren Gesprächspartner, das Thema, wichtige Rahmenbedingungen? Welche brauchen Sie noch? Trennen Sie hierbei Fakten von Vermutungen und Gefühlen!
- Welche Argumente gibt es für Ihren Standpunkt? Welche davon haben am meisten Gewicht? Welche können Sie sich als „Reserve" halten?

Wenn Ihr Bezugsrahmen mit dem Ihres Partners übereinstimmen würde, bräuchten Sie sich vermutlich nicht durchsetzen: Er würde Ihnen von selbst den Weg frei machen. Sie müssen sich daher auch mit seiner Sichtweise auseinander setzen, wenn Sie ihn überzeugen wollen. Versetzen Sie sich also gedanklich in seine Lage und fragen Sie sich:

- Wie stellt sich die Situation vermutlich aus seiner Perspektive dar?
  - Welche Sachinformationen hat er?
  - Welche Wünsche, Bedürfnisse, Interessen hat er?
  - Wie sieht er seine Beziehung zu mir?
  - Mit welchen Emotionen ist die Situation für ihn verknüpft?
- Welche Standpunkte und Ziele wird er möglicherweise mit welchen Argumenten vertreten? Wie können Sie seine Argumente ggf. entkräften?
- Woran wird er vermutlich den Erfolg des Gesprächs messen? Was könnte Ihr Beitrag dazu sein?

Unabhängig davon, wie groß Ihr Einfühlungsvermögen ist: Letztlich sehen Sie die Perspektive Ihres Partners durch Ihren eigenen Bezugsrahmen. Deshalb ist es oft hilfreich, wenn Sie zusätzliche Blickwinkel heranziehen und die Sache mit einem neutralen Dritten besprechen. Versuchen Sie dabei aber nicht, diesen Dritten auf Ihre Seite zu ziehen, sondern lassen Sie ihn das Thema wirklich von seiner Warte betrachten!

3. Schritt: Planen Sie Ihr Vorgehen

Jede Art von Gespräch hat ihre eigene Dramaturgie. Die folgenden Leitfäden geben Ihnen erprobte Konzepte für häufige Formen von Durchsetzungsgesprächen an die Hand. Manche können Sie sicherlich übernehmen, andere an Ihre spezielle Situation anpassen.

Die eigene Meinung vertreten

Verbreitete Schwierigkeiten:

Viele Menschen halten mit ihrer Ansicht hinter dem Berg, weil sie Angst vor Kritik oder Blamage haben. Sie glauben, ihre Ansicht würde von anderen als falsch enttarnt oder umgehend mit Gegenargumenten zerfetzt.

Lösungsstrategie:

Legen Sie sich eine Statement-Technik zurecht, die Ihrer Argumentation Struktur, Logik und Gewicht verleiht. Damit Ihr Gegenüber Ihren Gedankengang als logisch wahrnimmt, müssen Sie Ihre Argumente in einer schlüssigen Struktur anordnen. Hierbei helfen Ihnen Gliederungsformeln:

Die Standpunkt-Formel	
Standpunkt nennen	▪ ja oder nein ▪ pro oder contra
Standpunkt begründen	▪ 1–3 Argumente
Beweise anführen	▪ beweiskräftige Beispiele
Schlussfolgerung ziehen	▪ Wie sieht es also aus?
Appell aussprechen	▪ auffordern, etwas zu denken, zu fühlen oder zu tun
Die Lösungs-Formel	
Thema nennen	▪ Worum geht es?
Ist-Situation beschreiben	▪ Was ist / war?
Soll-Zustand beschreiben	▪ Was soll sein?

Lösung vorschlagen	• Wie lässt sich das erreichen?
Appell aussprechen	• Auffordern, etwas zu denken, zu fühlen oder zu tun
Die Pro- und Contra-Formel	
Thema nennen	• Worum geht es?
Pro-Argumente	• Was gibt es Positives?
Contra-Argumente	• Was gibt es Negatives?
im eigenen Sinne bewerten	• Welche Argumente überwiegen?
Ergebnis oder Appell aussprechen	• Was ist also meine Botschaft?

Wenn Sie längere Ausführungen planen, bedenken Sie: Argumente am Anfang und am Schluss haben größere Wirkung als die in der Mitte. Bringen Sie also die stärksten Argumente zu Beginn, setzen Sie mit einem weiteren starken einen glänzenden Schlusspunkt. Haben Sie Ihre Argumente ausgewählt, überlegen Sie, was an Gegenargumenten kommen könnte. Legen Sie sich dazu mögliche Entgegnungen zurecht.

Berechtigte Forderungen stellen

Verbreitete Schwierigkeiten:
Viele trauen sich nicht, Forderungen zu äußern, weil sie nicht sicher sind, ob sie auch das Recht dazu haben. Oder sie haben Angst, zu viel von den eigenen Bedürfnissen preiszugeben und dadurch angreifbar zu wirken. Durch Selbstverkleinerungstaktiken, verbale Weichspüler und Andeutungen

versuchen sie, ihre Wünsche zu verbrämen und eine direkte Ablehnung zu vermeiden. Dadurch minimieren sie aber ihre Glaubwürdigkeit und die Gewichtigkeit ihrer Forderung.

Lösungsstrategie:
Machen Sie sich als Erstes klar: Sie haben das Recht, Ihre Wünsche und Bedürfnisse geltend zu machen. Nehmen Sie sich wichtig! Ihr Gegenüber kann selbst entscheiden, ob er Ihre Forderung erfüllt oder nicht. Er hat auch das Recht auf ein Nein. Das bedeutet dann, dass er Ihre Sicht und Ihre Maßstäbe nicht teilt, aber nicht, dass Sie als Person nicht genug wert sind.

Checkliste: Forderungen stellen

1 Nehmen Sie Blickkontakt auf, mit erhobenem Kopf.

2 Sagen Sie kurz und prägnant, was Sie wollen.

3 Schwächen Sie Ihre Forderung nicht durch unpassendes Lächeln ab. Sprechen Sie deutlich in ernsthaften Worten und natürlichem, bestimmtem Tonfall.

4 Wenn Sie wollen, begründen Sie Ihre Forderung kurz und knapp. Beschränken Sie sich auf maximal zwei Gründe, sonst wirkt Ihre Begründung wie eine Rechtfertigung.

5 Reden Sie auf „gleicher Augenhöhe" im Sinne der Grundhaltung „ich bin o.k. / du bist o.k.". Entschuldigen Sie sich nicht, machen Sie sich nicht kleiner, schmeicheln Sie sich nicht ein. Greifen Sie den anderen aber auch nicht an.

6 Wenn der andere nicht reagiert, wiederholen Sie Ihre Forderung kurz und prägnant. Sprechen Sie etwas lauter, verringern Sie leicht die Distanz zum anderen. Hüten Sie sich vor Begründungs- und Rechtfertigungstiraden.

7 Steigen Sie auf Bemerkungen und Fragen des anderen nicht zu tief ein. Wiederholen Sie Ihre Forderung knapp.

8 Wenn der andere Nein sagt, entscheiden Sie, ob sich der Aufwand lohnt. Wenn ja, schalten Sie um auf Strategien zur Einwandbehandlung. Wenn nein, akzeptieren Sie, dass der andere ein Recht auf seine eigene Entscheidung hat. Werten Sie es nicht als Angriff auf Ihre Person.

Kritik äußern und Probleme ansprechen

Verbreitete Schwierigkeiten:

Manche Menschen sind als Retter der Nation unterwegs: Sie haben Verbesserungsvorschläge für alles und jedermann parat. Dabei überschreiten sie aber oft Grenzen und wundern sich, wenn der andere auf die gut gemeinten Ratschläge undankbar reagiert. Eine weitere Schwierigkeit besteht darin, jemanden zu kritisieren, ohne ihn persönlich zu verletzen. Aus Angst, das Falsche zu sagen, sagen viele dann lieber gar nichts – und das Problem bleibt ungelöst.

Lösungsstrategie:
Klären Sie als Erstes Ihre Beweggründe ab, weshalb Sie jemanden auf ein Problem hin ansprechen wollen. Drei Motive sind legitim:

- Sie sind sachlich und / oder emotional von den Auswirkungen betroffen.
- Es gehört zu Ihren Aufgaben, z. B. als Vorgesetzter.
- Sie tragen mit dem anderen gemeinsam Verantwortung.

Trifft einer dieser Gründe auf Sie zu, ist Ihre Kritik berechtigt. Definieren Sie dann Ihr Gesprächsziel: Wollen Sie sich emotional entlasten, die Situation klären, Grenzen setzen, eine Anweisung durchsetzen oder das Problem gemeinsam mit dem anderen lösen?

Sammeln Sie nun die konkreten Fakten und Beobachtungen, die für Sie problematisch sind. Der Sinn besteht darin, dem Angesprochenen (und auch sich selbst) Ihre Kritik nachvollziehbar zu machen und ihn nicht pauschal zu verurteilen. Dagegen würde er zu Recht mit Abwehr reagieren. Verhindern Sie aber, dass Ihre Sammlung zum Sündendossier wird. Geben Sie Ihre kritische Rückmeldung deshalb möglichst zeitnah zum Geschehen, dann erinnern Sie sich beide auch besser an die konkreten Ereignisse.

Kritik ist eine Chance für den anderen, etwas über sich und die Wirkung seines Verhaltens zu lernen. Ob er etwas verändert, kann nur er selbst entscheiden. Damit Sie den Angesprochenen nicht persönlich verletzen und er für Ihre Kritik möglichst offen sein kann, formulieren Sie eine erweiterte Ich-Botschaft:

Checkliste: Erweiterte Ich-Botschaft

1. Schritt: Beschreiben Sie den Sachverhalt oder das Verhalten des anderen kurz und konkret mit Daten und Fakten. Bewerten Sie nicht.	„Ich habe festgestellt, dass …" „Mir fällt auf, dass …" „Ich habe gesehen / gehört / wahrgenommen …."
2. Schritt: Beschreiben Sie Ihre emotionale Reaktion.	„Ich fühle mich dadurch …" „Ich bin dadurch …" „Das löst … in mir aus."
3. Schritt: Stellen Sie die Auswirkungen (menschlich und / oder sachlich) auf die Situation dar.	„Dadurch kann ich …" „Ich befürchte, dass …" „Ich habe dadurch …"
4. Schritt: Wenn es Ihr Gesprächsziel erfordert: Formulieren Sie Ihren Wunsch oder Ihre Erwartung als konkreten Veränderungsvorschlag.	„Bitte lassen Sie mich …" „Ich erwarte, dass …" „Ich wünsche mir von Ihnen, dass …"

Checkliste: Kritikgespräch führen

1 Thema, Ort, Zeit vorher verabreden
2 Gesprächsbereitschaft fördern:
   - Rapport herstellen
   - Positives zuerst ansprechen, aber kurz halten
3 Kritik auf den Tisch legen:
   - erweiterte Ich-Botschaft verwenden
   - eigenes Ziel nennen
4 Sichtweise / Stellungnahme des anderen einholen:
   - offene Fragen stellen und aktiv zuhören
   - ggf. unterschiedliche Wahrnehmungen vergleichen
5 Vereinbarung treffen:
   - Erwartungen äußern und
     a) Anweisung geben oder
     b) Lösungsvorschlag des anderen einholen und / oder
     c) Vorschlag machen
   - (gemeinsam) entscheiden
   - festlegen, wer was bis wann tut, ggf. erneutes Feedback als Kontrollmodus vereinbaren
   - festgefahrene Gespräche abbrechen: vertagen oder Grundsatzfrage stellen („Hat es noch Sinn, wenn wir...?")
6 Fazit: die wichtigsten Ergebnisse gemeinsam zusammenfassen

Kritik annehmen

Verbreitete Schwierigkeiten:

Jeder Mensch wünscht sich Anerkennung, deshalb hört niemand Kritik wirklich gerne. Je nachdem, welche Bedeutung der kritisierte Bereich für uns hat, berührt Kritik unser Selbstbild und unser Selbstwertgefühl. Wir erleben sie schnell als Abwertung und Ablehnung unserer Person. Deshalb gehen viele sofort in Abwehrhaltung, wenn sie kritisiert werden. Sie glauben, wenn sie die Kritik annehmen, haben sie verloren und der Kritisierende steht als Sieger da. Verschärfend wirkt, dass Kritik manch negative Botschaft aus der Kindheit scheinbar bestätigt.

Durch massive Abwehrmanöver setzen wir uns aber nicht durch, sondern verschärfen das Problem. Zum einen versucht der Kritisierende oft, doch noch zu beweisen, dass seine Kritik „stimmt" und legt noch einen Zahn zu. Zum anderen bringen wir uns um die Möglichkeit, etwas über uns zu erfahren, zu lernen und uns zu verbessern.

Lösungsstrategie:

Bewerten Sie Kritik als das, was sie ist: eine subjektiv gefärbte Information über die Wirkung Ihres Verhaltens, kein objektives Urteil über Ihre ganze Person. Bringen Sie ggf. Ihren Kritiker dazu, seine Kritik entsprechend konkret zu formulieren. Erlauben Sie ihm aber auch, seine Kritik auszusprechen und erkennen Sie nützliche Aspekte an. Dann braucht er sich nicht durch unnötige Schärfe zu beweisen.

Checkliste: Kritik annehmen

1 Thema, Ort, Zeit vorher verabreden:
- Gespräch möglichst nicht unter Zeitdruck, Stress oder zwischen Tür und Angel führen

2 Kritik aufnehmen:
- genau und aktiv zuhören
- ggf. erweiterte Ich-Botschaft abfragen:
  Wie kommen Sie zu diesem Eindruck? Was ist Ihnen konkret aufgefallen?
  Inwiefern ist das problematisch für Sie? Was macht Ihnen daran zu schaffen?
  Was ist Ihr Wunsch / Ihre Erwartung an mich?
- Kernpunkte paraphrasieren und versuchen, wirklich zu verstehen

3 Aspekte benennen, mit denen Sie etwas anfangen und die Sie anerkennen können:
- Prüfen Sie: An welchen Punkten ist etwas dran? Welche Hinweise könnten nützlich für Ihre Entwicklung sein? Sie entscheiden immer noch später selbst, ob Sie etwas bei sich verändern wollen.
- Hüten Sie sich davor, dem anderen seine Sicht oder seine Gefühle auszureden („Sie sehen das völlig falsch." „Nun regen Sie sich nicht so auf.").

4 Unberechtigte und unangemessene Kritik zurückweisen, falls erforderlich:
- Lehnen Sie den Inhalt der Kritik ab, wenn er auf falschen Informationen beruht oder aus Unterstellungen, Anschuldigungen, Pauschalisierungen besteht.
- Lehnen Sie die Art und Weise der Kritik ab, wenn sie aggressiv, beleidigend, verletzend vorgetragen wird.
- Strecken Sie sich nach der Decke: Stürzen Sie sich nicht empört auf jeden „Fehltritt" Ihres Partners, vermeiden Sie millimetergenaue Rekonstruktionen vergangener Ereignisse. So vermeiden Sie Eskalationen.

5 Hintergründe für eigenes Verhalten erläutern:
- Machen Sie Ihre Sicht transparent, begründen Sie Ihr Verhalten, falls es sachlich notwendig ist.

6 Fazit ziehen:
- Was war für Sie wichtig und interessant?
- Was bewerten Sie anders / wollen Sie beibehalten?
- Was wollen Sie überdenken / ausprobieren / ändern?

(*in Anlehnung an Gührs / Nowak*)

Verhandeln

Verbreitete Schwierigkeiten:

Allzu häufig lassen sich Menschen zu nachteiligen Vereinbarungen verleiten, weil sie sich über die eigenen Verhandlungsziele und -spielräume nicht im Klaren sind. Dafür gibt es mehrere Gründe:

- Die Verhandlungssituation kommt überraschend zustande, man ist nicht darauf eingestellt, entscheidet voreilig.
- Man macht die eigene Forderung davon abhängig, was der andere zu bieten bereit ist.
- Die Beziehung zum Verhandlungspartner erscheint wichtiger als das Verhandlungsergebnis. Deshalb gibt man lieber nach, und es fällt schwer, Bedingungen zu stellen.
- Jeder verteidigt verbissen seine Position, ohne eine Lösung zu beiderseitigem Vorteil zu suchen. Oft ist der Preis hoch: Man sieht nur den kurzfristigen Sieg und verdrängt langfristige Nachteile.

Lösungsstrategie:
Lassen Sie sich nicht zu einer Spontanverhandlung überrumpeln, sondern vereinbaren Sie einen Termin. Bereiten Sie dann die Verhandlung gut vor und verschaffen sich eine starke Verhandlungsposition. Befolgen Sie im Gespräch den Grundsatz: Verhandeln ist gegenseitige Bedürfnisbefriedigung und Interessenausgleich – deshalb keine Leistung ohne Gegenleistung.

Checkliste: Verhandlung vorbereiten

1 Eigene Ausgangsposition klären:
   - Um welche Themen geht es?
   - Welche Wünsche / Bedürfnisse / Interessen habe ich bei jedem Thema?

2 Verhandlungsspielräume und Prioritäten definieren:
   - Was ist das Minimum, das ich bekommen möchte?
   - Was ist das Maximum, das ich realistisch fordern kann, ohne mich lächerlich zu machen?
   - Was habe ich, das ich weggeben könnte?
   - Worauf will ich maximal verzichten im Austausch gegen das, was ich möchte?
   - Was kann ich als Minimum anbieten, ohne dass der andere mich dafür auslacht?
   - Wann breche ich die Verhandlung ab?

   Verhandeln ist ein Tauschgeschäft: Die meisten Menschen sind bereit etwas zu geben, wenn sie im Gegenzug etwas dafür bekommen oder behalten können.

3 Verhandlungsstärke aufbauen:
   - Beste Alternative entwickeln: Welche attraktive und realistische Option habe ich, wenn es zu keiner Übereinkunft kommt?
   - Welche Dinge kontrolliere ich, die für den anderen attraktiv sein könnten? Welche kontrolliert der andere, die für mich interessant wären?

Checkliste: Verhandlung führen

1 Themen der Verhandlung benennen
   - Ziel betonen, gemeinsam ein vernünftiges und gütliches Ergebnis zu erzielen

2 Interessen der Parteien erkunden
   - Interessen und Ziele des anderen herausfinden: aktiv zuhören, paraphrasieren, klärende Fragen stellen
   - selbst Informationen über eigene Interessen geben
   - Gemeinsamkeiten betonen, Unterschiede lösungsorientiert formulieren
   - Signale für mögliches Entgegenkommen des anderen wahrnehmen und selber aussenden

3 Gemeinsam nach Lösungsmöglichkeiten suchen
   - Vorschläge der anderen Partei einfordern
   - realistische Vorschläge machen und selbstbewusst vorbringen; nicht mit Maximalangebot beginnen, sonst nur noch Verhandlungsspielraum nach unten; keine Zugeständnisse ohne Gegenleistung machen
   - Möglichkeiten für gegenseitigen Nutzen suchen
   - Lösungen nicht zu früh bewerten, da sich so schnell die Positionen verhärten

4 Lösungen aushandeln
   - Lösungsvarianten nach objektiven Kriterien bewerten
   - Gesamtpaket schnüren statt sich auf einzelne Gegenstände zu fixieren; Kompromissbereitschaft zeigen, aber hart bleiben, wenn der andere kompromisslos ist

5 Abmachung treffen
- Vereinbarung für alle Gegenstände detailliert festhalten, am besten schriftlich
- sich nicht an Teilvereinbarungen binden, bevor nicht alles geklärt ist
- Ausführung der Entscheidung konkret festsetzen: Wer macht was bis wann? Wann und wie werden wir das Ergebnis überprüfen?

Wie Sie schwierige Situationen meistern

Wenn Sie nicht wissen, wie die Lage ist

Wenn Sie unterschiedliche Interessen, Standpunkte, Forderungen verhandeln, gerät leicht Sand ins Getriebe. Missverständnisse, Fehlinterpretationen, aber auch verletzte Gefühle und Unzufriedenheit mit dem bisher Erreichten oder der Art der Diskussion gehören zu den möglichen Ursachen. Das Fatale ist, dass dies häufig keiner der Beteiligten offen anspricht, sondern insgeheim hofft, dass die Wolken sich von selbst verziehen. Die Folge: Die Argumentationen laufen ins Leere, da der unterschwellige Konflikt Denken und Fühlen der Parteien beherrscht. Dabei registriert Ihr Bauch sicher die Warnzeichen solcher Veränderungen: verschärfter Ton, die Parteien sprechen lauter und hören immer weniger zu, Blickkontakt wird eher vermieden, verhärteter Gesichtsausdruck, Rückzug durch Schweigen, um nur einige zu nennen.

Wie können Sie sich besser durchsetzen?

Wenn das Gespräch nicht mehr rund läuft, sollten Sie ein „Gespräch über das Gespräch" (Metakommunikation) führen, um gemeinsam die Ursachen für die Störung herauszufinden und möglichst zu beheben. Denn wenn Sie versuchen, die Sachseite durchzudrücken, obwohl die Beziehungsebene nicht stimmt, verhärten sich schnell die Fronten. Das Erreichen Ihres Ziels wird immer schwieriger. Klären Sie also erst die Beziehungsebene, bevor Sie mit der Sache weitermachen. Eine geklärte Beziehung ist dabei nicht gleich Harmonie. Oft hilft schon zu wissen, wo der andere steht.

Checkliste: Metakommunikation

1 Sagen Sie, dass Sie eine Pause einlegen und mit dem / den anderen eine Zwischenbilanz ziehen möchten. Benennen Sie Ihren aktuellen Eindruck von der Situation.

2 Fassen Sie zusammen „Was bisher geschah" und geben Sie ein Feedback in Form einer erweiterten Ich-Botschaft. Inhalte können z. B. sein: Vorgehen, Umgang miteinander, bisheriges Ergebnis. Benennen Sie: Was davon hat die Zusammenarbeit wie gefördert, was hat sie wie behindert?

3 Erfragen Sie die Sichtweise der anderen.

4 Entscheiden Sie gemeinsam: Was wollen wir im weiteren Verlauf beibehalten, was wollen wir anders machen?

Wenn der andere nicht auf Sie eingeht

Was tun Sie, wenn trotz aller Verhandlungskunst Ihr Gesprächspartner Ihre Wünsche einfach abschmettert oder überhaupt nicht reagiert? Ziehen Sie sich enttäuscht oder beleidigt zurück? Werden Sie persönlich oder aggressiv, oder überschütten Sie ihr Gegenüber mit vermeintlich immer stichhaltigeren Argumenten und treiben ihn damit erst recht in trotzigen Widerstand? Ihr Ziel erreichen Sie mit keiner Taktik!

Wie können Sie sich besser durchsetzen?

Verabschieden Sie sich von der Idee, dass es für jede Situation eine wahre und eine falsche Sicht gibt. Für den einen ist das Glas halb voll, für den anderen halb leer, und beide haben auf ihre Weise (aufgrund ihres Bezugsrahmens!) Recht. Daher ist es manchmal überflüssig, den anderen durch die besseren Argumente überzeugen zu wollen – Sie eröffnen damit nur einen fruchtlosen Kampf um die „wirklich" wahre Sichtweise.

Durchsetzungsschwache Menschen empfinden ein „Nein" zu ihren Wünschen als massive Ablehnung ihrer Person. Erfolg versprechender ist es, sich klar zu machen, dass ein „Nein" zur Sache kein „Nein" zum Menschen ist. Halten Sie die Unterschiedlichkeit in der Sache aus und bleiben Sie beharrlich bei der eigenen Forderung, wenn Sie sie für wichtig halten.

Checkliste: Hartnäckig bleiben

1 Nehmen Sie Blickkontakt auf, zeigen Sie Haltung. Sprechen Sie klar und deutlich in bestimmtem Tonfall, legen Sie Ernst in Mimik und Gestik.

2 Paraphrasieren Sie kurz den Standpunkt des anderen. Sie zeigen ihm damit, dass Sie ihn verstanden haben und reduzieren mögliche Abwehrreaktionen.

3 Formulieren bzw. wiederholen Sie Ihre Forderung. Begründen Sie kurz (!), warum sie Ihnen wichtig ist. Rechtfertigen Sie sich nicht.

4 Bei Einwänden und Gegenargumenten: Paraphrasieren Sie diese und wiederholen anschließend auf entschlossene und selbstverständliche Art Ihre Forderung. Liefern Sie dazu max. ein- bis zweimal eine weitere Begründung.

5 Wenn Ihr Gegenüber auch nach mehrmaligen Wiederholungen nicht auf Ihre Forderung eingeht: Wägen Sie Alternativen ab.
   - Wie weit können Sie von Ihrer Maximalforderung abrücken? Welche Möglichkeiten gibt es für einen Kompromiss oder einen anderweitigen Ausgleich?
   - Ist es vielleicht besser, das Gespräch zu vertagen?
   - Ist es überhaupt realistisch, das Gewünschte von diesem Partner zu bekommen? Lohnt sich der Aufwand?

6 Wenn Ihr Gegenüber Sie provoziert oder angreift: Gehen Sie nicht darauf ein, sondern wiederholen Sie nachdrücklich Ihren Forderungssatz. Falls nötig immer wieder.

Wenn man an Ihren Argumenten zweifelt

Wenn Sie sich durchsetzen wollen, wird Ihnen Ihr Gegenüber häufig nicht freudestrahlend Recht geben, sondern Ihren Argumenten mit Bedenken, Zweifeln, Einwänden begegnen. Begehen Sie dann nicht die folgenden Fehler:

- **Todsünde „Kampfansage":** Sie wollen dem anderen zeigen, dass er Unrecht hat. Nonverbal plustern Sie sich auf und zeigen, dass Sie gereizt, genervt, unwillig sind. Verbal werten Sie den anderen durch massive Gegenargumentation ab („Das sehen Sie völlig falsch ..."). Ihre Reaktion wirkt aggressiv-überheblich, der andere lehnt Sie und Ihre Argumente jetzt erst recht ab.

- **Todsünde „Unterwerfung":** Sie sind tüchtig erschrocken, es verschlägt Ihnen die Sprache. Nonverbal schrumpfen Sie zusammen und zeigen, dass Sie sich unterlegen fühlen oder sogar aufgeben. Verbal schwächeln Sie, indem Sie unklar formulieren oder unvollständig antworten. Ihre Reaktion wirkt unsicher, der andere gewinnt Oberwasser.

Wie können Sie sich besser durchsetzen?

Fühlen Sie sich nicht persönlich angegriffen, sondern begegnen Sie Einwänden mit einer positiven Einstellung: Einwände sind normal und signalisieren grundsätzliches Interesse. Sie bleiben mit dem anderen im Gespräch und erhalten wichtige Informationen, die Ihnen zeigen, wie Sie den anderen überzeugen können. Gehen Sie dabei methodisch vor!

Checkliste: Schritte der Einwandbehandlung

1 Einwand annehmen

- Aufnahmebereitschaft signalisieren: Stimmen Sie sich positiv ein und bleiben Sie sachlich und interessiert.
- Einwand akzeptieren: Hören Sie aktiv und analytisch zu, lassen Sie den anderen ausreden. Sie erhalten wichtige Informationen, Ihr Partner kann Druck ablassen.
- Verständnis zeigen: Drücken Sie aus, dass Sie die Sicht des anderen nachvollziehen können. Das heißt nicht, dass Sie ihm inhaltlich zustimmen.

2 Einwand filtern

- Fragen stellen: Finden Sie ggf. durch gezielte Fragen heraus, welche Gründe es für den Einwand gibt. Fragen Sie nicht „warum", das bringt Ihren Partner in Verteidigungshaltung. Fragen Sie lieber lösungsorientiert, was ihm wichtig ist, worauf es ihm ankommt.
- Denkpause einlegen: Falls es nichts nachzufragen gibt, können Sie ruhig überlegen, bevor Sie antworten. Sie zeigen dem anderen, dass Sie seinen Einwand wichtig nehmen und sich damit auseinander setzen.

3 Einwand entkräften

- Antworten Sie mit kurzen und präzisen Erklärungen und Argumenten. Sprechen Sie ruhig und sachlich.
- Nutzen Sie die Methoden zur Entkräftung. Stimmen Sie dabei Ihre Reaktion auf die Situation ab.

Checkliste: Methoden zur Entkräftung

- **Die Erklärung**

  Mancher Einwand basiert auf einem Missverständnis. Stellen Sie kurz den richtigen Sachverhalt dar, ohne den anderen zum begriffsstutzigen Deppen zu stempeln. Sichern Sie durch eine geschlossene Frage ab, ob Sie beide nach der Erklärung auf einer Linie sind.

- **Der Beweis**

  Wenn der andere Zweifel anmeldet, liefern Sie stichhaltige Beweise: ähnliche Fälle, konkrete Erfahrungen, Zahlen, Daten, Fakten, praktische Demonstrationen usw.

- **Die Teilzustimmung**

  Stimmen Sie dem anderen in den Teilaspekten zu, die Sie ähnlich beurteilen oder die Sie nachvollziehen können (wollen). Danach führen Sie Ihre abweichenden oder weiterführenden Argumente an, die Ihre Linie unterstützen. Vermeiden Sie dabei die Worte „ja" und „aber": Ersteres nimmt der andere als komplette Zustimmung wahr, letzteres als komplette Verneinung. Alternativen: allerdings, obwohl, nur, jedoch, und.

  „Prinzipiell haben Sie Recht, nur liegt dieser Fall anders."

  „Das lässt sich nicht von der Hand weisen, allerdings sollte auch ..."

- **Die Kompensation von Nachteilen**

  Wenn der andere Nachteile in Ihren Vorschlägen sieht, die nicht zu leugnen sind, geben Sie diese unumwunden zu. Machen Sie dann klar, dass diese durch größere Vorteile eindeutig ausgeglichen werden.

- **Die Vervollständigung**

  Benennen Sie als Erstes Gemeinsamkeiten zwischen beiden Positionen. Stellen Sie dann Ihren Vorschlag als konstruktive Ergänzung der Gegenposition dar.

  „Die Einschränkungen sehe ich genauso wie Sie, und gerade deshalb spricht einiges für ..."

  „Ihre Ansicht teile ich in dem Punkt, nur haben wir dabei noch nicht berücksichtigt, dass ..."

- **Das dicke Fell**

  Manchmal lohnt es sich, einen Einwand zu überhören: Der andere hat Dampf abgelassen oder seine Wichtigkeit betont und hat nun eher ein offenes Ohr für Sie.

Wenn man Ihnen das Wort im Munde umdreht

Wenn Sie Vorschläge, Nachfragen oder Argumente einbringen, ernten Sie vielleicht Antworten, die mehr oder weniger subtil am Thema vorbeigehen. Dabei ist eine Bandbreite von vorsichtigem Ausweichen bis hin zu massiven Gegenangriffen möglich. Ihr Partner verfolgt damit unbewusst das Ziel, die eigene Sicht / Position nicht in Frage stellen zu müssen.

Das Ausweichmanöver:
Ihre Aktion und seine Reaktion beziehen sich auf verschiedene Themen oder unterschiedliche Aspekte des Themas.

A: „Wir sollten das Thema beim Teammeeting besprechen."
R: „Diese ewigen Besprechungen gehen mir auf die Nerven."

A: „Was werden Sie jetzt tun, um das Problem zu lösen?"
R: „Wir haben hier noch mit anderen Problemen zu kämpfen."

Die Blockade:
Der andere stellt das angesprochene Thema grundsätzlich in Frage. Er versucht dadurch zu vermeiden, dass überhaupt über ein für ihn unbehagliches Thema geredet wird.

A: „Bitte geben Sie mir Bescheid, wenn Sie mit der Sache fertig sind."
R: „Seit wann gehört es zu Ihren Aufgaben, mich zu kontrollieren?"

A: „Bist Du mir jetzt böse?"
R: „Was heißt schon böse sein? Emotionen haben hier nichts zu suchen."

In Ihnen lösen solche Manöver das frustrierende Gefühl aus, dass sich das Gespräch im Kreis dreht und nichts bringt. Oft glauben Sie, die Dinge richtig stellen zu müssen: durch Erklärungen, Rechtfertigungen, Entschuldigungen oder eigene Abwehrreaktionen.

Wie können Sie sich besser durchsetzen?

Machen Sie sich bewusst, dass Ihr Partner in der Regel nicht aus Bösartigkeit so reagiert und bewahren Sie sich die Grundhaltung „Ich bin o.k. / Du bist o.k.", sonst eskaliert der Konflikt. Je nach Situation haben Sie verschiedene Möglichkeiten, zu Ihrem Anliegen zurückzuführen.

Checkliste: Strategien, mit denen Sie zu Ihrem Thema zurückführen können

- **Auf dem Thema beharren:**

  Achten Sie darauf, dass der andere Ihre Aussagen nicht subtil verdreht und auf dieser Basis das Gespräch weitergeführt wird. Sorgen Sie dafür, dass tatsächlich Ihr Thema bearbeitet wird. Führen Sie hartnäckig zum Ursprungsthema zurück:
  - „Der Punkt, um den es mir geht, ist ..."
  - „Meine eigentliche Frage war eine andere ..."
  - „Ich möchte noch mal auf das Thema zurückkommen ..."

- **Umweg machen:**

  Wenn Sie erfahren möchten, was hinter dem Manöver steckt und Ihren Partner beschäftigt, können Sie auch erst bewusst beim neuen Thema mitgehen. Das gibt Ihnen die Chance, Wertschätzung und Interesse zu signalisieren und zugleich Barrieren gezielt zu beseitigen. Aber Achtung: Führen Sie danach zu Ihrem Thema zurück.

- **Manöver ansprechen:**

  Wenn der andere bei seiner Verdrehungstaktik bleibt, konfrontieren Sie ihn damit:
  - „Sie haben immer noch nicht gesagt, wie Sie dazu stehen."
  - „Sie haben meine Frage noch nicht beantwortet. Ich möchte gern wissen..."

  Fordern Sie ihn auf, direkt zu sagen, worum es ihm geht:
  - „Wenn Sie nicht einverstanden sind, sagen Sie es bitte direkt."

  Geben Sie ihm evtl. auch ein Feedback darüber, was sein Verhalten bei Ihnen auslöst.

- **Unterschiedlichen Bezugsrahmen ansprechen:**

  Wenn der andere besonders aggressiv reagiert oder sich selbst stark abwertet („Ich bin hier ja sowieso nur ..."), können Sie folgende Fragen klären:
  - Welche subjektiven Vorstellungen hat der andere, dass er so reagiert? Wie erklärt er sich die Situation?
  - Wie könnten Sie eine gemeinsame Sicht herstellen?
  - „Ich bin überrascht, wie Sie auf das Thema reagieren.
  - „Was verbinden Sie mit ...?"

- **Notausgang wählen:**

  Wenn alles nichts hilft und Ihr Gegenüber bei seinen Manövern bleibt: Brechen Sie das Gespräch ab.

(nach Gührs / Nowak)

Wie Sie Grenzen setzen

Beispiel

Wieder einmal sitzt Peter Becker noch um 18 Uhr im Büro. Da schaut sein Chef herein: „Herr Becker, gut dass Sie sind noch hier sind. Unser Kunde Butze hat heute angerufen und nach der neuen Maschine gefragt. Schreiben Sie mir doch bitte noch schnell ein Angebot, dann kann ich ihn gleich morgen früh anrufen." „Von wegen schnell." seufzt Becker innerlich. „Muss ich das Kino mit Sybille mal wieder abschreiben."

„Kann ich übers Wochenende zu Euch kommen?", fragt Sandra ihre Freundin Karin am Telefon. „Ich hab totalen Ärger mit Bernd und muss mich mal richtig aussprechen. Bernd soll außerdem mal merken, was er an mir hat." „Natürlich", antwortet Karin mit bemühter Freundlichkeit. Selbst von einem anstrengenden Projekt erschöpft, hatte sie sich auf ein Faulenzerwochenende mit ihrem Mann gefreut. Jetzt ist sie bei der Aussicht auf zwei Tage Lebenshilfe mit Vollpension selber deprimiert.

Sind Ihnen solche Situationen wohlbekannt? Dann sollten Sie öfter das Wörtchen „nein" gezielt gebrauchen. Es ist das Instrument, mit dem Sie sich von Erwartungen und Forderungen anderer abgrenzen können. Denn Sie sind dazu berechtigt, sich selber wichtig zu nehmen und auf Ihre eigenen Bedürfnisse und Kraftreserven zu achten. Doch vielen Menschen fällt genau das schwer.

Typische Ja-Sage-Fallen

- Unrealistisches Harmoniebedürfnis: Um von anderen akzeptiert zu werden, stellen Sie die eigenen Bedürfnisse zurück.
- Katastrophendenken: Sie haben Angst, dass Ihre berufliche Erfolgskurve sofort eine Riesendelle bekommt, wenn Sie

nicht alle Erwartungen erfüllen. Im Geiste sehen Sie schon Ihren Nachfolger auf der Matte stehen.

- Sich verpflichtet fühlen: Weil Ihnen der andere irgendwann einmal etwas Gutes getan hat, glauben Sie, ihm Dankbarkeit und Gegenleistungen schuldig zu sein, und zwar in jeder Form, jedem Ausmaß und für immer.
- Sich wichtig und unentbehrlich fühlen: Das natürliche Bedürfnis nach Anerkennung ist bei Ihnen übermäßig ausgeprägt, zumindest zeitweise. Lob, Schmeicheleinheiten und Beanspruchung vermitteln Ihnen das Gefühl von Stärke und Wichtigkeit und verführen Sie so zum „Ja".
- Angst, egoistisch zu wirken: Anderen zu helfen oder Rücksicht zu nehmen sind wichtige Werte, jedoch bei Ihnen bis zur Selbstverleugnung übertrieben.
- Sich abhängig fühlen: Sie überschätzen die Auswirkungen eines „Nein" auf Ihre (beruflichen) Beziehungen. Sie glauben, dass andere Ihnen sofort jede Unterstützung versagen, wenn Sie Ihren vermeintlichen Verpflichtungen nicht nachkommen.

Warum sich „Nein"-Sagen lohnt

- Sie gewinnen Zeit für wichtige Dinge in Ihrem Leben.
- Sie schützen sich vor Überlastung, dadurch entstehenden Fehlern und Problemen, vor Ausnutzung durch andere.
- Andere wissen, woran sie bei Ihnen sind: Nein ist Nein – weitere Manipulationsversuche zwecklos. Ja ist dann aber auch Ja, ohne nachträgliche Ausreden, Ausflüchte, Entschuldigungen – man kann sich auf Sie verlassen.

Übung: „Nein" oder nicht „Nein"

Schaffen Sie die Voraussetzung, damit Sie selbstbewusst und ohne schlechtes Gewissen „Nein" sagen können.

1 Beobachten Sie sich selbst: Sammeln Sie Situationen, in denen Sie „Ja" gesagt haben, obwohl Sie lieber „Nein" gesagt hätten.
   - Welche negativen Gedanken haben Sie daran gehindert?
   - Wie hat der andere kommuniziert und sich verhalten, damit Sie glaubten, „Ja" sagen zu müssen?
   - Was hat Sie Ihr „Ja" gekostet (Zeit, Energie, Ärger usw.)?

2 Machen Sie sich bewusst: In welchen Situationen, unter welchen Bedingungen wollen Sie zukünftig „Nein" sagen?
   - Welche Erlaubnis wollen Sie sich selber dazu geben?
   - Wie können Sie die negativen Gedanken in positive umwandeln, um Sie dabei zu unterstützen?
   - Wann ist Ihnen das alles schon einmal gelungen? Was spricht realistisch dagegen, dass es Ihnen wieder gelingt?

3 Üben Sie in Alltagssituationen, auf höfliche, aber bestimmte Art „Nein" zu sagen, beispielsweise wenn Ihnen in einem Geschäft etwas angeboten wird, was Sie nicht wollen (das berühmte Etwas mehr Aufschnitt, die Tönung beim Friseur usw.) oder wenn man Sie zu etwas drängt, wozu Sie keine Lust haben (Babysitten für die Freundin).

Checkliste: So sagen Sie selbstbewusst „Nein"

1 Lassen Sie sich nicht unter Zeitdruck setzen. Wenn Sie die Antwort noch nicht wissen, bitten Sie um Bedenkzeit.

2 Hören Sie auf Ihre innere Stimme:
   - Wenn Sie Bauchschmerzen beim Gedanken an ein „Ja" haben, machen Sie sich bewusst, was Sie wollen und was nicht. Gleichen Sie die Anforderungen mit Ihren Zielen ab: Handeln Sie nicht gegen Ihre Interessen.
   - Wägen Sie ab: Was könnte passieren, wenn Sie „Nein" sagen? Wie wahrscheinlich ist das? Was kostet Sie ein „Ja"? Wollen / können Sie das zahlen?
   - Wenn Sie sich ein „Ja" prinzipiell vorstellen können, überlegen Sie, welche Rahmenbedingungen Sie für Ihr Handeln brauchen und fordern Sie diese ggf. ein.

3 Sagen Sie auf selbstverständliche Art und unmissverständlich „Nein". Rechtfertigen Sie sich nicht, fangen Sie nicht an zu argumentieren. Sie haben das Recht, Nein zu sagen. Verabschieden Sie sich allerdings von der Erwartung, Ihr Gegenüber müsse Ihnen zustimmen und Ihnen gewissermaßen eine Erlaubnis geben.

4 Bleiben Sie standhaft, auch wenn der andere Ihnen zusetzt. Sie müssen nur einmal öfter „Nein" sagen als Ihr Gegenüber versucht, Ihnen ein „Ja" abzuringen.

5 Zeigen Sie sich zuverlässig. Halten Sie ein „Ja" möglichst ein – es war Ihre Entscheidung und Verantwortung. Geben Sie umgehend Laut, wenn absehbar wird, dass Sie eine Zusage nicht einhalten können.

So verstärken Sie Ihre Wirkungskraft

Sich besser verkaufen und die positive Wirkung auf andere verstärken – auch darauf kommt es an.

In diesem Kapitel lesen Sie,

- warum Selbstmarketing so wichtig ist (S. 108),
- wie Sie Ihren ersten Eindruck auf andere verbessern (S. 113),
- wie Sie Ihre Fähigkeiten jeden Tag mehr zur Geltung bringen (S. 117),
- wie Sie nützliche und stabile Netzwerke aufbauen (S. 122).

Machen Sie Werbung für sich selbst!

Wenn sich andere im Berufsleben besser durchsetzen als Sie, liegt das nicht unbedingt an deren enormer Leistung.

> Gut sein allein genügt nicht. Sie müssen sich und Ihre starken Seiten auch gut „verkaufen" können und nicht darauf warten, dass andere diese schon von selbst bemerken.

Viele unterschätzen, wie stark ihre persönliche Selbstdarstellung die Beurteilung ihrer beruflichen Fähigkeiten und die Unterstützung durch andere beeinflusst. Dabei hat eine Studie längst gezeigt, dass Karrierechancen im Unternehmen von drei Hauptfaktoren abhängen: Der persönliche Bekanntheitsgrad entscheidet zu 60 % über Wohl und Wehe des Kandidaten, das Image und der persönliche Stil zu 30 %. Der Faktor Leistung dagegen fristet mit 10 % ein Schattendasein.

Rühren Sie also die Werbetrommel für sich selbst, wenn Sie sich beruflich durchsetzen wollen! Dabei geht es nicht um Schaumschlägerei oder das Verkaufen Ihrer Seele. Gekonnte Eigenwerbung bedeutet vielmehr, dass Sie

- Bewusstheit für sich selbst und die eigenen Stärken entwickeln und wissen, was in Ihrem Umfeld von starken Persönlichkeiten erwartet wird,
- eine klare Vorstellung haben, was Sie selbst erreichen wollen,
- diese Qualitäten systematisch nach außen vermitteln.

1. Schritt: Ist-Situation ermitteln

Wenn Sie Ihre Selbstdarstellung gezielt verbessern wollen, müssen Sie zunächst definieren, von welcher Position aus Sie starten. Entscheidende Faktoren sind: Ihr Persönlichkeits-Portfolio und Ihr Aktions-Umfeld.

Ihr Persönlichkeits-Portfolio

Ihr Portfolio ist Ihre ganz persönliche Schatzkiste: Es bildet die Palette Ihrer Eigenschaften und Merkmale ab, die Sie einzigartig und unverwechselbar machen. In der Marketingsprache nennt man das auch Unique Selling Proposition (USP) – das einzigartige Verkaufsversprechen als wichtigstes Unterscheidungsmerkmal von anderen Produkten. Ihr Persönlichkeits-Portfolio ist der Grund, weshalb andere Sie als etwas Besonderes im Vergleich zu Ihren Mitbewerbern wahrnehmen.

Ihre persönlichen „Produktvorteile":

Welche persönlichen Eigenschaften machen den Kontakt mit Ihnen zu einem angenehmen, besonderen Erlebnis? Wie wirken Sie auf andere?

1. ....
2. ....
3. ....
4. ....
5. ....

> **Ihre beruflichen „Produktvorteile":**
>
> Lassen Sie Ihren Berufsweg Revue passieren. Welche beruflichen Stärken zeichnen Sie besonders aus? Bedenken Sie dazu:
>
> - Welche Qualifikationen, Erfahrungen, besondere Fähigkeiten und Kenntnisse haben Sie, die Sie erfolgreich machen? Was haben Sie, was andere nicht haben?
> - Was macht Ihnen besonders Spaß? Womit identifizieren Sie sich besonders stark?
> - Was schätzen andere an Ihnen?
>
> 1. ....
> 2. ....
> 3. ....
> 4. ....
> 5. ....

Ziehen Sie ggf. Ihre persönliche Anerkennungsliste zu Rate!

Ihr Aktions-Umfeld

Wie sieht der „Markt" aus, in dem Sie sich durchsetzen wollen? Es ist nämlich nicht gleichgültig, welche Ihrer Besonderheiten Sie in den Vordergrund stellen. Berücksichtigen Sie je nach Situation folgende Faktoren:

- die Erwartungen der Zielgruppe, an die Sie sich wenden,
- das Image und die Kultur des Unternehmens, das Sie nach innen und außen vertreten,
- den äußeren Rahmen, in dem die Begegnung stattfindet.

Ihr Zielgruppenprofil:

1 Welche Werte und Normen für Verhalten und Erscheinungsbild herrschen in der Branche Ihrer Zielgruppe vor? Welche in der konkreten Firma oder Organisation?

2 An wen wenden Sie sich: Entscheidungsträger, Meinungsmacher, Ansprechpartner auf Arbeitsebene? Wie möchten Sie sich im Vergleich zu ihnen positionieren?

3 Nach welchen zentralen Kriterien beurteilt diese Gruppe ihre Gesprächspartner? Wodurch werden diese Kriterien hinreichend erfüllt?

Ihr eigenes Unternehmensprofil:

4 Welche Werte, Normen und Spielregeln gelten in Ihrem eigenen Umfeld? Welche Qualitäten sollen Mitarbeitern und Geschäftspartnern vermittelt werden?

5 Inwieweit erwartet Ihre Zielgruppe, dass Sie diese Qualitäten repräsentieren?

Der äußere Rahmen:

6 Wann und wo finden konkrete Begegnungen statt? Handelt es sich um einen formell-repräsentativen Anlass, einen Kontakt auf Arbeitsebene, ein informelles Treffen?

7 Welche Anforderungen ergeben sich daraus für Ihr Auftreten?

2. Schritt: Soll-Situation definieren

Überlegen Sie nun, wo Sie hin wollen. Erfolgreiche Menschen konzentrieren sich dabei auf wesentliche Schwerpunkte, die sie dann konsequent ausbauen. Formulieren Sie Ihre Marketingziele: Was wollen Sie erreichen? Berücksichtigen Sie dabei Ihre Vision und die SMART-Kriterien (siehe S. 37).

Ihre berufliche Positionierung:
- Welche Karriereziele haben Sie mittel- und langfristig?

Ihr Image bei anderen:
- Wie wollen Sie dazu von anderen wahrgenommen werden? Welche persönlichen Qualitäten sollen andere spontan mit Ihnen verbinden?

3. Schritt: Strategie festlegen

- In welchen Schritten wollen Sie diese Ziele erreichen?
- Auf welche Art und Weise wollen Sie die dazugehörigen Qualitäten systematisch Ihrem Umfeld vermitteln?

Die folgenden Wirkungsmittel werden Ihnen dabei helfen.

Nutzen Sie die Macht des ersten Eindrucks!

Wenn Sie zum ersten Mal Kontakt mit einem anderen Menschen aufnehmen, entscheiden die ersten 10 bis 180 Sekunden, welche Meinung er sich unbewusst über Sie bildet. Dieser Prozess durchläuft drei Phasen:

1. Aufgrund Ihres Aussehens, Ihrer Körpersprache und Ihres Verhaltens entwickelt der andere blitzschnell ein Grundgefühl: positiv oder negativ, Freund oder Feind.
2. Nun ist er voreingenommen, und alles, was ihm weiter an Ihnen auffällt, wird ähnlich positiv oder negativ beurteilt.
3. Dann macht er sich ein Bild von Ihrer Gesamtpersönlichkeit und schreibt Ihnen Eigenschaften zu, die Sie zwar nicht gezeigt haben, die in seiner Vorstellung aber plausibel zu den ersten Eindrücken passen. Merkmale wie Intelligenz, Kompetenz, sozialer Status, Über- / Unterlegenheit usw. werden entsprechend in Sie hineininterpretiert.

Der erste Eindruck hält sich hartnäckig: Wenn Sie einmal in einer Schublade gelandet sind, holt der andere Sie nicht so schnell wieder heraus, selbst wenn Sie sich ganz anders zeigen. Je besser Sie in den ersten Minuten also die positiven Erwartungen Ihres Partners erfüllen, desto eher werden Sie sich durchsetzen können.

Wirkungsmittel Kleidung

Ihre Kleidung fällt anderen sofort ins Auge, deshalb steuern Sie damit wesentlich den ersten Eindruck. Durch Ihr Outfit schließen andere auf Ihre Kompetenzen und Ihren Status, aber auch auf Ihre Einstellungen und ihre Persönlichkeit. In den meisten beruflichen Situationen ist es wichtig, seriös und kompetent zu wirken, aber auch machtvoll und zum Umfeld passend. Orientieren Sie sich an den Erwartungen, die an die von Ihnen angestrebte Rolle geknüpft sind. Finden Sie einen Kompromiss mit dem, was Ihnen persönlich gefällt.

Checkliste: Ihr machtvolles Outfit

Frauen:
- Kostüm, Hosenanzug, keine grellen oder Pastellfarben, hohe Stoffqualität; legerer: Rock / Hose mit Bluse oder Twinset; Rock nicht kürzer als Handbreit über dem Knie
- feine Baumwoll- oder Seidenblusen, edle Shirts
- Schuhe hochwertig und gepflegt, max. 6-cm-Absatz, auch im Sommer zumindest vorne geschlossen
- feinmaschige Strümpfe, auch im Sommer
- nicht viel Haut zeigen, nicht zu sexy stylen, dezentes Make-up, keine überlangen und stark farbigen Nägel

Männer:
- Anzug in gedeckter Farbe, hohe Stoffqualität; legerer: Kombination; Hosensaum liegt vorne am Schuh auf und endet hinten zwischen Mitte der Ferse und Absatzanfang (je nach Saumweite); unterster Knopf bleibt bei Einreiher und Weste immer offen

- weißes oder dezent farbiges Hemd, dezente Muster
- Schuhe hochwertig und gepflegt, am besten schwarz
- Strümpfe in uni, farblich zu Hose oder Schuh passend, lang genug, dass im Sitzen keine Haut zu sehen ist
- Gürtel in Schuhfarbe, klassisch gemusterte Krawatte

Wichtige Tipps für beide:
- Parfum und Aftershave nur sparsam dosieren!
- Knitter, Flecken, Fransen, ungepflegte Haare sind tabu!
- Verzichten Sie auf auffällig platzierte Designernamen!

Wirkungsmittel Begrüßungszeremonie

Der Einstig in den persönlichen Kontakt wird durch das Begrüßungsritual hergestellt. Hier kommt es auf Ihre Körpersprache und das Beherrschen der Verhaltensnormen an.

Checkliste: Körpersprache

1 Stellen Sie einen offenen Blickkontakt her.
2 Lächeln Sie Ihren Partner freundlich an.
3 Zeigen Sie eine aufrechte Körperhaltung, ohne auf den anderen herabzusehen.
4 Halten Sie respektvollen Abstand, weder zu distanziert noch zu vertraulich. Faustregel: zwei Unterarmlängen.
5 Achten Sie auf einen mittleren Händedruck: Der „tote Fisch" wirkt ebenso negativ wie der „Schraubstock".
6 Stimmen Sie die Dauer des Händedrucks auf Ihr Gegenüber ab. Wenn er locker lässt, tun Sie das auch.

Gerade in formellen Situationen ist heute wieder stärker Etikette gefragt. Beachten Sie zunächst die Rangfolge: Man unterscheidet zwischen „niederem" und „höherem" Rang. Im beruflichen Umfeld ist dabei die Berufsrolle ausschlaggebend, unabhängig von Alter und Geschlecht einer Person.

Der Ranghöhere erfährt zuerst, mit wem er es zu tun hat. Deshalb nennt der Rangniedere seinen Namen zuerst und wartet, dass der andere ebenfalls seinen Namen nennt und dann die Hand reicht. Achtung: Der Ranghöhere entscheidet, ob er den Handschlag möchte oder lieber auf Distanz bleibt. Sprechen Sie den anderen auch im Gespräch einige Male mit Namen an, das wertet ihn auf und macht Sie sympathisch.

Checkliste: Rangfolgen

	Rangniederer	Ranghöherer
gesellschaftlicher Rahmen	Herr	Dame
	deutlich Jüngerer	deutlich Älterer
beruflicher Rahmen	Mitarbeiter	Führungskraft
	Lieferant	Kunde
zusätzlicher Rahmen	Gast	Gastgeber

Vorgestellt werden durch Dritte

Dem Ranghöheren wird der Rangniedere zuerst vorgestellt: „Frau Boss, ich möchte Ihnen Herrn Neu vorstellen, der die Vertretung macht. Herr Neu, das ist unsere Leiterin, Frau Boss." Der Vorstellende kann dabei mit der offenen Handfläche auf die jeweils benannte Person deuten. Wer vorgestellt wird, sagt einfach „Guten Tag" bzw. „Guten Abend".

Die richtige Anrede

Der Doktor oder Professor sollte bei der Vorstellung immer genannt werden, bei mehreren Titeln nur der höchste. Titel werden nicht auf den Ehepartner übertragen. Stellt ein Titelträger sich selbst vor, nennt er seinen Titel nicht. Titelträger untereinander verzichten meist auf die Nennung.

Stellen Sie sich ins Rampenlicht!

Die klassische Karriereleiter wird zunehmend zum Auslaufmodell. Zukünftig werden sich immer mehr Arbeitnehmer über Projekte und die Erweiterung ihres Aufgabengebietes profilieren. Setzen Sie daher nicht allein darauf, dass Ihr Vorgesetzter erkennt, welche Perle Sie sind. Gerade wenn Ihr Umfeld öfter wechselt, müssen Sie anderen Ihre Qualitäten vor Augen halten. Ihr Motto: Tue Gutes und rede darüber. Ihre Strategie: als Kompetenz- und Informationsträger wertvoll werden. Ihr Ziel: den eigenen Marktwert steigern.

Übung: Berufliche Bestandsaufnahme

Lassen Sie Ihren beruflichen Weg Revue passieren. Zeichnen Sie diesen Weg auf einem Blatt als gerade, schräge oder kurvige Linie. Markieren Sie den Punkt, an dem Sie heute stehen. Markieren Sie Höhe-, Tief- und Wendepunkte mit einem Symbol. Führen Sie dann Ihre Linie in die Zukunft weiter: Wie soll Ihre Entwicklung weitergehen? Fragen Sie sich: Was können und müssen Sie dafür tun? Bauen Sie die folgenden Anregungen in Ihre Strategie ein.

Kommunizieren Sie Ihre Erfolge!

Stellen Sie Ihr Licht nicht unter den Scheffel. Halten Sie sich dazu noch mal die Positivlisten vor Augen: Ihre Anerkennungsliste, Ihre Produktstärken, Ihre Bestandsaufnahme. Überlegen Sie sich: Bei welchen Gelegenheiten könnten Sie zukünftig Entscheidern, Meinungsmachern und Kollegen über Ihre Erfolge berichten? Geben Sie dabei nicht den Tarzan, sondern informieren Sie sachlich und nachvollziehbar, was Ihren Erfolg ausmacht, wozu er der Firma nützt und wie Sie das geschafft haben. Achtung: Schmücken Sie sich nicht mit fremden Federn, erwähnen Sie ggf. lobend die Unterstützung anderer, aber seien Sie auch nicht zu bescheiden!

Profilieren Sie sich als Experte!

Wer von anderen um Rat gebeten wird und wem verantwortungsvolle Aufgaben zugetraut werden, der hat als Kompetenzträger und Vertrauensperson einen hohen Marktwert. Diesen Status erreichen Sie, indem Sie Ihre Person in der Wahrnehmung anderer mit bestimmten Themen verknüpfen. Überlegen Sie anhand der folgenden Liste, welche Themen dies für Sie sein können:

1. Wann fühlen Sie sich glücklich im Beruf? Welche Dinge, Tätigkeiten, Ereignisse tragen dazu bei?
2. Was beherrschen Sie wirklich gut? Was können Sie besser, worüber wissen Sie mehr als viele andere im Umfeld?
3. Wo gibt es zusätzliche Aufgaben und aktuelle Problemstellungen in Ihrem Umfeld? Welchen Lösungsbeitrag könnten Sie dazu leisten?
4. Welche Mittel und Möglichkeiten haben Sie – auch bisher ungenutzte –, hier in der erforderlichen Qualität Zeichen zu setzen, ohne dass Ihr regulärer Job leidet?
5. Welche Möglichkeiten haben Sie, Ihre Ideen und Erfolge einem größeren Publikum zu präsentieren (Fach-, Hauszeitschriften, Firmenveranstaltungen, Tagungen usw.)
6. Was davon ist am vielversprechendsten im Verhältnis von Aufwand und Ertrag? Wo liegen Zukunftschancen?

Achtung: Definieren Sie Ihre Grenzen! Lassen Sie sich nicht zum Mädchen für alles machen und ausnutzen.

Positionieren Sie sich in Meetings!

Jede Art von Besprechung ist eine Chance, sich ins rechte Licht zu setzen. Nutzen Sie diese Gelegenheit, Ihre umfassenden Kenntnisse, fundierten Vorschläge, konstruktive Kritik einem meinungsbildenden Fachpublikum zu präsentieren. Beherzigen Sie dabei einige Grundregeln:

- Wenn Sie sich Anwesenden vorstellen, nehmen Sie Haltung an und Blickkontakt auf und nennen Sie deutlich Ihren Namen und Ihre Funktion. Das wirkt selbstbewusst und macht klar, dass Sie Kompetenz beizusteuern haben.
- Bereiten Sie sich gut vor, machen Sie keine halbgaren Vorschläge, es sei denn, Brainstorming ist angesagt.
- Nehmen Sie sich vor, eine Mindestzahl von Wortbeiträgen zu leisten. Ziehen Sie das durch, sonst bleiben Sie eine graue Maus, der man nicht viel Eigeninitiative zutraut. Stimmen Sie Anzahl und Art Ihrer Meldungen auf Anlass und Gruppengröße ab. Viele seichte Anmerkungen in einer Runde von Leistungsträgern wirken geschwätzig. Zu wenig Beiträge in kleiner Runde wirken schüchtern. Persönliche Themen in kleiner Runde machen sympathisch, in großer Runde wirken sie deplatziert.
- Machen Sie sich nicht zur Jammergestalt, indem Sie überwiegend Negatives aufzeigen und ständig Bedenken tragen. Wenn Sie welche haben, machen Sie einen konstruktiven Vorschlag dazu.
- Stehen Sie in großen Runden auf, wenn Sie längere Ausführungen machen, damit Sie wahrgenommen werden.

- Vermeiden Sie verbale Weichspüler, benutzen Sie eine kraftvolle, interessante Sprache mit kurzen, prägnanten Sätzen und Schlüsselwörtern, die
    - Aufmerksamkeit wecken: neu, sensationell, interessant, revolutionär, großartig …
    - Kompetenz betonen: erfahrungsgemäß, fundiert, verantwortungsvoll, zielgerichtet, sorgfältig, treffend …
    - Wichtiges unterstreichen: entscheidend, wesentlich, maßgeblich, wichtig, unverzichtbar, absolut …
    - Aktualität betonen: Setzen Sie fachbezogene Trendwörter gezielt und äußerst sparsam ein. Damit zeigen Sie sich auf der Höhe der Zeit und vermeiden gleichzeitig, dass Sie als Sprechblasenproduzent eingestuft werden. Vermeiden Sie auf jeden Fall Fachjargon, wenn Sie nicht sicher sind, dass alle ihn verstehen.
- Lassen Sie sich nicht ständig unterbrechen. Setzen Sie Ellbogen ein: „Jetzt lassen Sie mich bitte ausreden." „Ich bin noch nicht fertig." „Ich habe Sie ausreden lassen, jetzt bin ich dran." „Moment, ich möchte noch etwas sagen."
- Rechtfertigen Sie sich nicht für Ihre Meinung.

Knüpfen Sie Netzwerke!

Im heutigen Berufsleben brauchen Sie soziale Querverbindungen, um sich durchzusetzen. Ihr Netzwerk sind die Menschen innerhalb und außerhalb des Unternehmens, die Sie fördern und auf vielfältige Art unterstützen können. Gerade in Krisensituationen ist ein kurzer Draht nützlich, um Probleme rasch aus der Welt zu schaffen.

Ihr Netzwerk hilft Ihnen auf unterschiedlichen Ebenen:

- emotional: Verständnis, Sympathie, Anerkennung, Wertschätzung, Bestärkung, Beistand
- fachlich-informativ: Tipps, Hinweise, Ratschläge, Feedback, Ideen, Informationen (auch über wichtige Vorgänge, andere Personen, Verflechtungen und Abhängigkeiten)
- praktisch: Hilfe bei einer Aufgabe, Vermitteln von Kontakten, Fürsprache bei anderen, Versorgen mit Ressourcen

Vergessen Sie nicht, dass Netzwerke strategische Allianzen sind, die jedem Partner einen Nutzen bringen sollen, keine Kuschelgruppen. Entsprechend sollten Sie einige Prinzipien beherzigen.

Checkliste: Regeln für erfolgreiches Networking

- **Langfristigkeit berücksichtigen:**
  Gute Beziehungen sind das Resultat einer Vielzahl von Kontaktsituationen.
  Gehen Sie also beispielsweise nicht davon aus, dass Ihnen jemand zur Messezeit sein Schlafsofa zur Verfügung stellt, nur weil Sie ihm irgendwann einmal freundlich die Hand geschüttelt haben.

- **Geben und Nehmen ausgleichen:**
  Sie müssen sich nicht für jede Geste sofort revanchieren, aber auf lange Sicht sollten Sie auf ausgeglichene Bilanzen achten. Seien Sie auch selber bereit, Informationen und Gefälligkeiten zu liefern, ggf. aus eigener Initiative. Distanzieren Sie sich, wenn Sie trotz Ihrer Bitten nie etwas zurückbekommen.
  Akzeptieren Sie, wenn ein anderer etwas für Sie tut, und vergessen Sie nie, sich zu bedanken.

- **Privatsphäre schützen:**
  Gravierende private Probleme (Gesundheit, Beziehungen, Finanzen usw.) sollten Sie für sich behalten. Sie wissen nie, welche Wege solche Informationen nehmen und wie sich die Netzwerkbeziehung entwickelt.

- **Loyal bleiben:**
  Stimmen Sie möglichst nicht in gemeinsame Klagelieder über Dritte ein, sondern führen Sie solche Gespräche auf die Sachebene zurück. Der Feind von heute entpuppt sich oft als der Verbündete von morgen, und wie wollen

Sie ihm dann in die Augen sehen? Nur Integrität schafft Freunde!

- **Beziehung pflegen:**
Frischen Sie Ihre Kontakte regelmäßig auf, sei es durch postalische Grüße, ein Telefonat oder ein Treffen.
Sie verstärken die Beziehung, wenn Sie tatkräftig hilfsbereit sind und dem anderen durch echtes Interesse und ernst gemeinte Komplimente positive Anerkennung spendieren.

So bauen Sie Ihr berufliches Netzwerk auf

1 Bestandsaufnahme: Welche Kontakte haben Sie innerbetrieblich, außerbetrieblich, privat? Wie ist die Qualität der Beziehungen? Welche möchten Sie ausbauen mit welchem Ziel? Welche möchten Sie lieber lose halten, welche ganz kappen, weil Sie sie belasten?

2 Welche Personen möchten Sie gerne kennenlernen? Wer könnte ein wichtiger Partner sein? Welches Ziel haben Sie, wie wünschen Sie sich die Qualität der Beziehung auf einer Skala zwischen „sehr persönlich" und „lose kennen"?

3 Welche Mittel und Möglichkeiten haben Sie, die gewünschten Beziehungen zu gestalten?

4 Wem können Sie mit Ihren Kenntnisse und Fähigkeiten nützen? Wer könnte Ihnen dafür zukünftig etwas bieten?

5 Wo können Sie am besten Kontakte knüpfen, um neue Beziehungen aufzubauen?

- Innerbetrieblich (z. B. Arbeitsgruppen, Kollegenstammtisch, Betriebssport, Weiterbildung)
- außerbetrieblich (z. B. Organisationen, Vereine, Berufsverbände, Seminare)
- Wie können Sie dabei vorgehen?

6 Welche privaten Beziehungen liegen Ihnen am Herzen, die Sie als Ausgleich brauchen und die Sie auf keinen Fall vernachlässigen wollen?

Sich durchsetzen
Training

Das ist Ihr Nutzen

Kennen Sie das? Sie möchten Weihnachten in die Berge fahren, doch werden wieder dazu überredet, mit den Schwiegereltern zu feiern. Sie bringen bei einer Besprechung einen Vorschlag ein, doch ein Kollege macht ihn sofort madig. Sie wollen ein neues Berichtswesen einführen, doch Ihre Mitarbeiter stellen sich quer. Ob im Job oder Privatleben: Wenn wir uns zu selten durchsetzen, ist das sehr frustrierend. Dann fühlen wir uns fremdbestimmt – und anstatt Erfolge zu feiern, sehen wir uns meist als Verlierer das Feld räumen.

Doch das muss nicht sein. Denn sich durchzusetzen kann man trainieren. In diesem Teil lernen Sie anhand zahlreicher Übungen, wie Sie Ihren Standpunkt besser kennenlernen und ihn sicher vor anderen vertreten. Sie trainieren die kommunikativen Fähigkeiten, die Ihnen die Grundlage für eine fruchtbare Auseinandersetzung mit anderen ermöglichen. Sie lernen nützliche Verhaltensweisen, wie Sie mit Widerstand besser umgehen und sich auch in schwierigen Situationen behaupten können. Die Trainingseinheiten sind in vier Hauptkapiteln angeordnet und bauen aufeinander auf. Sie können das Training aber ebenso gut quer lesen und die Übungen machen, die Sie spontan ansprechen. Alles, was Sie brauchen, sind Stift, Papier und etwas Kreativität.

Ich wünsche Ihnen viel Erfolg für all die Situationen, in denen es Ihnen wichtig ist, sich durchzusetzen!

Carmen Kauffmann

Machen Sie sich stark!

In diesem Kapitel lernen Sie,

- hemmende Denkmuster abzulegen (S. 131),
- besser auf die eigenen Gefühle und Bedürfnisse zu achten (S. 137) und
- die der anderen besser einzuschätzen (S. 143).

Darum geht es in der Praxis

Unser Verhalten richtet sich oft ganz unbewusst nach sog. inneren Glaubenssätzen – Denkmustern, die wir schon als Kind verinnerlicht haben. Sie stammen von Eltern, Lehrern oder gängigen Moralvorstellungen und sagen uns, was gut und richtig ist. Manchmal helfen uns diese Glaubenssätze – dann ist nach unserem Gefühl alles in Ordnung. Manchmal sabotiert aber unser Unbewusstes, was wir bewusst wollen. Und dann hemmen wir uns selbst, ohne es zu merken.

In diesem Kapitel lernen Sie anhand einfacher Übungen zu erkennen, welche Vorstellungen es Ihnen schwer machen, sich durchzusetzen. Danach können Sie üben, besonders destruktive Glaubenssätze durch solche zu ersetzen, die Sie stark machen. Dabei ist es immens wichtig, dass Sie Ihre eigenen Gefühle und Bedürfnisse wahrnehmen und ihnen folgen. Wer sich besser durchsetzen will, muss aber auch auf die Bedürfnisse der anderen achten. Wenn beispielsweise Ihr Verhandlungspartner blockiert, schauen Sie genauer hin: Verbirgt sich hinter der ablehnenden Haltung vielleicht nur ein starkes Sicherheitsbedürfnis?

Entdecken Sie versteckte Gefühle und Motive hinter den Standpunkten – und stärken Sie Ihre eigene Position, indem Sie den anderen besser einschätzen lernen. Mit dieser veränderten Perspektive werden Sie jede Verhandlung erfolgreicher bestreiten!

Unbewusste Hemmschuhe erkennen

Wie setzen Sie sich durch? Übung 1
⏱ 5 min

In dieser ersten Übung reflektieren Sie, welche Wege Sie einschlagen, um sich durchzusetzen, und welche Techniken Sie von anderen kennen. Nehmen Sie dazu Stift und Papier zur Hand und schreiben Sie – wie bei einem Brainstorming – alles auf, was Ihnen einfällt.

1 Denken Sie einmal zurück: In welchen Situationen haben Sie bekommen, was Sie wollten? Und wie haben Sie das gemacht? Liegt Ihrem Vorgehen vielleicht eine besondere Strategie zu Grunde? Oder wenden Sie je nach Situation unterschiedliche Mittel an? Lassen Sie hier nichts weg, auch wenn Ihnen Ihr Vorgehen im Nachhinein nicht besonders fair erscheint. Mit welcher Strategie fühlen Sie sich am wohlsten, womit weniger wohl?
2 Überlegen Sie nun, welche Strategien oder Techniken Sie von anderen kennen (Partner/in, Kollegen, Freunden, Vorgesetzten usw.).

Lösungstipp

Im Alltag wirken oft gerade die Mittel, die nicht eben diplomatisch oder die feine englische Art sind, etwas auh Weinen, Leiden oder Kommunikationsverweigerung. Denken Sie einmal daran, wie Kinder oft ihren Willen durchzusetzen versuchen.

Lösung

In der ersten Aufgabe wird jede Lösung individuell ausfallen. Für die zweite Aufgabe hier eine Auswahl möglicher „Durchsetzungsmanöver" unterschiedlicher Kategorien:

- Überrumpelungsstrategie: Einfach tun.
- Manipulation: z. B. dem anderem suggerieren, das Vorgehen sei in seinem Sinne: „Sie wollen doch sicher auch …"
- Macht einsetzen, z. B. Anordnen, Durchdrücken, usw.
- Die Mehrheit (oder „Machthaber") auf seine Seite ziehen.
- Emotionalen Druck ausüben: weinen, schreien, schimpfen, beleidigt sein u. a.
- Erpressung: „Wenn du mich wirklich lieben würdest …"
- Persönliche Angriffe, z. B. „Das musst du gerade sagen."
- Gegner durch Schmeicheln, Lob, Anerkennung gewinnen.
- Verhandeln mit Win-win-Strategie, z. B. ein Gegenangebot machen.

Praxistipp

Gerade die Alltagstechniken, die mit Druck funktionieren, wirken meist nur kurzfristig. Denn sie haben in der Regel negative Folgen auf der Beziehungsebene. Mittel- bis langfristige Folgekosten solcher Durchsetzungsstrategien sind z. B. Schwierigkeiten oder Widerstände bei der Durchführung, gereizte Stimmung bei den Beteiligten usw.

Glaubenssätze erkennen Übung 2
⏲ 2 min

Sich durchzusetzen beinhaltet auch ein Risiko: Andere Menschen könnten ärgerlich, neidisch oder eifersüchtig werden oder sich zurückziehen. Und das fürchten wir. Aber nicht nur dieses Risiko, sondern auch bestimmte Denkmuster hindern uns daran, uns für uns selbst, für unsere Bedürfnisse und Interessen einzusetzen. Solche Glaubenssätze haben wir ungeprüft in unserer Kindheit verinnerlicht – und befolgen sie unbewusst noch heute. Mit dieser Übung sollen Sie solchen Glaubenssätzen auf die Spur kommen. Setzen Sie sich an einen ruhigen Ort und nehmen Sie Zettel und Stift zur Hand. Vervollständigen Sie folgende Sätze spontan und aus dem Bauch heraus (Sie können auch mehrere Fortsetzungen aufschreiben).

- Wer sich durchsetzt …
- Sich durchzusetzen bedeutet …
- Wenn ich mich durchsetze, dann …

Bewerten Sie nicht, was Ihnen in den Sinn kommt!

Lösungstipp

Wenn Ihnen die Übung schwer fällt, versuchen Sie ein inneres Bild für den Begriff „sich durchsetzen" zu finden. „Sitzt" da vielleicht jemand mit breitem Gesäß geduldig einen Stuhl „durch"? Oder schwebt Ihnen eher eine Person vor, die sich durch eine Menge boxt?

Lösung

Vielleicht sind Ihnen eher negative Ergänzungen eingefallen. Typisch negative Glaubenssätze sind zum Beispiel:

- Wer sich durchsetzt, ist rücksichtslos / machtgeil / hat's nötig / dem ist jedes Mittel recht ...
- Sich durchzusetzen bedeutet egoistisch / hart gegen andere zu sein ...
- Wenn ich mich durchsetze, gehe ich über Leichen / nehme ich keine Rücksicht auf ... / bekomme ich Ärger mit ...

Vielleicht sind Ihre Ergänzungen aber auch positiv (oder wertneutral) ausgefallen:

- Wer sich durchsetzt, hat Erfolg / sagt, wo's lang geht / gewinnt ...
- Sich durchzusetzen bedeutet die eigenen Interessen konsequent zu verfolgen.
- Wenn ich mich durchsetze, bin ich meinen Zielen einen Schritt näher gekommen.

Praxistipp

Erschrecken Sie nicht, was Ihnen da womöglich alles aus der Feder geflossen ist. Es geht nicht darum, dass Sie Ihre Glaubenssätze sofort über Bord werfen – die Idee der Übung ist die, negative Denkmuster erst einmal zu erkennen. Reflektieren Sie in Ruhe, ob, und wenn ja, welchen Sinn bestimmte Glaubenssätze haben.

Mit inneren Bildern spielen Übung 3
⏱ 5 min

Mit welcher Haltung, mit welchen Gefühlen gehen Sie in ein Gespräch, in dem Sie sich durchsetzen wollen? Dazu können Sie diese Übung machen.

- Denken Sie an eine konkrete Situation (eine Besprechung o. Ä.), die Ihnen unmittelbar bevorsteht und in der Sie sich gerne durchsetzen möchten. Finden Sie nun ein passendes Bild für die Situation. Vervollständigen Sie dazu zum Beispiel den Satz: „Mit diesem Menschen zu verhandeln, ist wie ..." Achten Sie auf innere Bilder, Farben, Geräusche. Vielleicht fällt Ihnen auch eine bestimmte Musik dazu ein. Wofür stehen Bilder, Farben, Geräusche, Musik?
- Überlegen Sie anschließend, ob es auch alternative Bilder zu Ihrer spontanen Assoziation geben könnte.

Lösungstipp

Zugang zu Ihrer Haltung und Ihren Gefühlen finden Sie zum Beispiel über sprachliche Metaphern: Wenn Sie davon sprechen, dass Ihr Gegner sein Pulver verschießen soll, damit Sie ihn anschließend „kriegen", dann wollen Sie sich offenbar auf einen (Macht-)Kampf einlassen. Oder haben Sie Angst, der andere will Sie „wie ein Spieler austricksen"? Oder fürchten Sie, dass Ihr Chef im Gehaltsgespräch einen „Eiertanz" aufführt und sich mal wieder nicht festlegen will?

Lösung

Es gibt hier keine richtige oder falsche Lösung. Aber es kann hilfreich sein, wenn Sie erkennen, mit welchen inneren Bildern Sie in bestimmte Gesprächssituationen gehen. Denn in ihnen spiegeln sich Ihre Erwartungen und Hoffnungen, aber auch Vorurteile wider. Wenn Sie bewusst Alternativen zu diesen Bildern schaffen, können Sie die Situation entsprechend beeinflussen. Bemerken Sie zum Beispiel, dass Sie sich eher in kämpferischen oder stark unterlegenen inneren Bildern bewegen, versuchen Sie Alternativen wie diese:

- Ihnen schwebt das Bild vor: „Der andere zieht mich über den Tisch." Setzen Sie sich versuchsweise nebeneinander (innerlich und in der Situation selbst). In dieser Position wird es dem anderen schwer fallen, Sie über den Tisch zu ziehen. Beobachten Sie die Auswirkungen auf den Gesprächsverlauf!
- Wenn Sie sich innerlich im Krieg befinden, stellen Sie sich vor, Sie würden einen Waffenstillstand vereinbaren.
- Wenn Sie dem Chef keine Gelegenheit geben wollen, einen Eiertanz aufzuführen, nageln Sie ihn natürlich nicht (bildlich) fest. Aber Sie können einen Rahmen abstecken, der Ihnen Halt gibt und innerhalb dessen Sie sicherer verhandeln können.

Fiel Ihnen diese Übung schwer? Achten Sie öfter bewusst auf Ihre Wortwahl: Welche Worte, Bilder und Metaphern verwenden Sie ganz intuitiv, wenn Sie anderen von schwierigen Situationen erzählen?

Gefühle und Körperwahrnehmung nutzen

Druck erzeugt ...? Übung 4
⏱ 5 min

Für diese Übung brauchen Sie einen Partner.

- Stellen Sie sich frontal gegenüber auf, so dass Sie sich in die Augen schauen. Bitten Sie Ihren Partner, seine Hand seitlich in Brusthöhe hochzuhalten, so dass die Handfläche in Ihre Richtung zeigt. Sie drücken jetzt langsam entweder mit der flachen Hand oder mit Ihrer Faust gegen seine Handfläche und beobachten, was passiert.
- Nun tauschen Sie die Rollen. Ihr Partner drückt gegen Ihre Hand. Wie reagieren Sie auf seinen Druck?
- Im dritten Schritt machen Sie die Übung noch einmal. Versuchen Sie aber nun beide, nur über die Körpersprache eine Alternative zu finden, die nicht auf einen Kraftakt hinausläuft. Erlaubt ist, was funktioniert und keinen von beiden verletzt. Dabei darf durchaus auch gelacht werden.

Lösung

Die spontane Reaktion in den meisten Fällen: Auf Druck reagieren wir reflexartig mit Gegendruck. Solche Verhaltensmuster erzeugen im besten Fall eine Pattsituation, im schlechtesten Fall führen sie zu einer totalen Eskalation. Hier einige mögliche Alternativen:

- Ausweichen, so dass Sie sich gar nicht berühren.
- Nachgeben
- Den Druck aufnehmen und im Kontakt seitlich ausweichen – das sieht so aus, als ob zwei Leute spiegelverkehrt ein Fenster putzen.
- Wechselspiel von Nachgeben und Druck aufbauen.

Praxistipp

Nehmen Sie Ihre körpersprachliche Alternative als Anker mit in die nächste Situation, in der Sie Druck ausgesetzt sind und im Normalfall auch mit Gegendruck reagieren würden. Vielleicht denken Sie sich als Gedächtnisstütze eine bestimmte Geste oder Körperhaltung aus. Beobachten Sie, wie sich Ihr verändertes Verhalten auf den Gesprächsverlauf auswirkt.

> Diese Übung soll zeigen, dass wir im Gespräch oft verbal die gleichen Mechanismen und Reflexe aktivieren wie auf der Ebene der Körpersprache. In diesem Sinn kann eine körpersprachliche Assoziation helfen, Situationen, in denen wir dagegenhalten, künftig schneller zu erkennen. So können wir den Mechanismus, auf Druck mit Gegendruck zu reagieren, unterbrechen.

Wie fühlen Sie sich?

Übung 5
5 min

Ähnlich wie die inneren Bilder (S. 135) gibt uns auch unser Körper wertvolle Informationen über unser Befinden.

Für diese Übung brauchen Sie drei Stühle. Sorgen Sie dafür, dass Sie nicht gestört werden. Geben Sie jedem Stuhl eine Funktion: Der eine ist neutral, der zweite steht für eine unangenehme, der dritte für eine angenehme Gesprächssituation. (Eventuell markieren Sie die Funktionen mit kleinen Schildern.) Setzten Sie sich zuerst auf den neutralen Stuhl. Beobachten Sie Ihren Atem: Wie fühlt er sich an der Nasenspitze an, wo fühlen Sie ihn strömen, wo dehnt sich Ihr Körper aus? Wo spüren Sie den Kontakt des Rückens, Gesäßes, der Arme, Hände und Füße zum Stuhl oder zum Boden? Wie fühlen sich Schultern, Nacken, Kopfhaut an? Spüren Sie irgendwo ein Kribbeln, Zittern, eine Verspannung? Nehmen Sie einfach Ihren Körper wahr, ohne zu bewerten.

Setzen Sie sich jetzt auf den zweiten Stuhl, und erinnern Sie eine unangenehme Gesprächssituation. Beobachten Sie wieder Atmung, Körperempfinden, Wärme, Kälte usw. Dann setzten Sie sich auf den Stuhl „angenehme Gespräche", ebenfalls in einer für Sie typischen Haltung, und spüren Ihren Empfindungen nach. Zum Schluss setzen Sie sich noch einmal auf den neutralen Stuhl. Welche Unterschiede bemerken Sie?

Lösung

Je besser Sie sich in die entsprechenden Situationen hineinversetzt haben, umso deutlichere Unterschiede im Befinden dürften Sie auch gespürt haben. Auch Ihre Körperhaltung dürfte sich wesentlich verändert haben. Vielleicht haben Sie sich bei der unangenehmen Situation bereits automatisch anders hingesetzt als bei der angenehmen – z. B. mit hochgezogenen Schultern. Oder Sie haben sich kleiner gemacht, als Sie sind, usw.

Praxistipp

Wenn Sie das nächste Mal in eine unangenehme Gesprächssituation kommen, versuchen Sie, eine Körperhaltung wie beim „angenehmen Gespräch" einzunehmen. Beobachten Sie, was passiert. Man nennt diese Strategie auch „So tun als ob": Tun Sie so, als ob Sie sich wohl fühlen und selbstsicher und voller Zutrauen in diese Gesprächssituation gehen würden. Erfahrungsgemäß dürften Sie es kaum schaffen, in einer entspannten Haltung verkrampfte Gespräche zu führen.

> Achten Sie bei jedem Gespräch auf Ihre körperlichen Gefühle, auf die Atmung, Ihr Wärme-/Kälteempfinden usw. Verändern Sie bewusst Ihre Haltung, um das Gespräch zum Beispiel auch innerlich mit einer konstruktiveren Einstellung weiterzuführen end") zu Anfang und am Ende des Kastens nicht gelöscht werden.

Bedürfnisse erkennen

Eigene Bedürfnisse erkennen

Übung 6
◔ **3 min**

Um sich klar zu werden, was Sie erreichen wollen und warum, ist es hilfreich, Ihre Bedürfnisse zu erforschen.

Denken Sie an die nächste anstehende Gesprächssituation. Was glauben Sie, welches Bedürfnis haben Sie speziell in dieser Situation? Vielleicht haben Sie sich dafür schon ein Ziel formuliert. Versuchen Sie jetzt einmal, das (Grund-)Bedürfnis hinter diesem Ziel zu identifizieren. Zum Beispiel: „Ich will ein klärendes Gespräch mit dem Projektleiter. Warum? Ich fühle mich durch ihn verunsichert. Also habe ich wohl das Bedürfnis nach mehr Sicherheit in meiner Arbeit."

Lösungstipps

- Maslow hat die Grundbedürfnisse des Menschen in 5 Kategorien eingeteilt: physiologische Grundbedürfnisse wie Schlafen oder Essen; Sicherheitsbedürfnisse wie finanzielle Sicherheit; das Bedürfnis, dazuzugehören (zur Familie, zur Firma ...); Prestigebedürfnisse wie Macht, Anerkennung; das Bedürfnis nach Selbstverwirklichung.

- Da wir es nicht gewöhnt sind, in Bedürfnissen zu denken, bemerken wir oft nur die unangenehmen Gefühle wie Angst, Ärger, Ungeduld, usw. Die Bedürfnisse, die dahinter stecken, lassen sich meist positiv formulieren („Angst" → „Sicherheit").

Lösung

Da es hier nur individuelle Antworten gibt, gebe ich Ihnen noch weitere Beispiele:

Hinter einem Gefühl von Wut und Ärger steckt womöglich die Befürchtung, dass Sie nicht mehr frei entscheiden können, also das Bedürfnis nach Selbstbestimmung. Wird mein Bedürfnis nach Sicherheit nicht erfüllt, entsteht Angst. Und wenn mein Bedürfnis nach Kontakt nicht erfüllt wird, entsteht Traurigkeit.

Na, ist Ihnen aufgefallen, welches Hauptbedürfnis für Ihr nächstes Gespräch nach Erfüllung ruft?

Praxistipps

- Wenn Sie im Alltag ein unangenehmes Gefühl überfällt, versuchen Sie konsequent, das dahinter stehende Bedürfnis zu identifizieren.
- Überlegen Sie dann, wie Sie das Bedürfnis, zum Beispiel nach Sicherheit, befriedigen können, indem Sie sich gut vorbereiten, Vorabsprachen treffen, recherchieren ...
- Manchmal ist es sinnvoll, diese Bedürfnisse klar zu artikulieren, manchmal genügt es auch, sich ihrer bewusst zu werden und sie in seine Vorbereitungen einzubeziehen.

Die Bedürfnisse anderer erkennen

Übung 7
⏱ 5 min

Wenn Sie trainiert haben, hinter den eigenen Gefühlen Bedürfnisse zu identifizieren, ist der nächste Schritt, die Bedürfnisse zu erkennen, die das Verhalten Ihrer Mitmenschen motivieren – vor allem dann, wenn Sie sich bei dem anderen nicht auf die sanfte Art durchsetzen können. Besonders schwer fällt uns dies erfahrungsgemäß bei bestimmten Verhaltensmustern, die wir gern in Schubladen wie Geltungsdrang, Schwätzerei, Killerphrase oder ähnliche, abwertende Kategorien packen.

Finden Sie die Bedürfnisse heraus, die möglicherweise hinter folgenden Äußerungen stehen:

1 Sie stellen gerade einen neuen Vorschlag vor, wie man in einem Projekt künftig immer wiederkehrende Fehler vermeiden könnte. Ein Kollege wirft daraufhin ein: „Aber Frau Kollegin/Herr Kollege, das kann doch so gar nicht funktionieren!"

2 In einer Projektbesprechung machen Sie einen Vorschlag, wie die Effizienz des Projekts gesteigert werden könnte. Daraufhin sagt eine Kollegin: „Also da war ja mein Vorschlag in der letzten Sitzung wohl wesentlich stimmiger!"

3 Ein Kollege reitet in einer Besprechung immer wieder auf dem gleichen Punkt herum, obwohl Sie der Meinung sind, der wäre schon längst abgehakt.

(Lösungstipp siehe nächste Seite.)

Lösungstipp

Bedürfnisse sind immer neutral. Aussagen wie „Der will sich halt wichtig machen" zielen also nicht auf Bedürfnisse, sondern auf Bewertungen ab. Versuchen Sie sich vorzustellen, der unangenehme Gesprächspartner sei ein guter Freund von Ihnen. Vielleicht fällt es Ihnen dann leichter, das Bedürfnis neutral oder sogar positiv darzustellen. Also: Bedürfnisse erkennen statt Verhalten bewerten. Ein bisschen Mut zum Psychologisieren gehört zu dieser Übung allerdings schon.

Lösung

Mögliche Interpretationen wären:

1. Implizit teilt der Kollege mit, dass er noch nicht überzeugt ist. Vielleicht braucht er noch mehr Informationen, um sicher zu sein, dass diese Lösung auch funktioniert. Es meldet sich also sein Sicherheitsbedürfnis.
2. Die Kollegin hat vermutlich in einer früheren Sitzung einen Vorschlag gemacht, der nach ihrem Empfinden zu wenig Würdigung erfahren hat. Deswegen spricht sie ihn noch einmal an. Sie braucht also mehr Anerkennung.
3. Im Eifer des Gefechts werden Gegner manchmal eher überstimmt als überzeugt. Die Folge: Sie melden sich immer wieder mit Einwänden. Wahrscheinlich fehlen dem Kollegen hier Argumente, die ihm das sichere Gefühl geben, dass die angestrebte Lösung auch gut ist. Es geht also vermutlich noch einmal um das Sicherheitsbedürfnis.

Der Ton macht die Musik

In diesem Kapitel üben Sie,

- Fragen gezielt einzusetzen (S. 147),
- Brücken zu Ihrem Gegenüber zu bauen (S. 153),
- Ihre Worte bewusst zu wählen (S. 163),
- besser zu verhandeln (S. 169) und
- geschickt zu moderieren (S. 177).

Darum geht es in der Praxis

Viele Gespräche, Verhandlungen oder Besprechungen scheitern daran, dass die Beteiligten sich gegenseitig nicht zuhören. Um sich effektiv durchzusetzen, ist es aber zwingend notwendig, den anderen zu verstehen und ihm das auch zu signalisieren. Erst wenn bei ihm landet, dass Sie auch seine Interessen in Ihrer Lösung berücksichtigen, wird er bereit sein, sich überzeugen zu lassen. Ansonsten landen Ihre guten Argumente, Beispiele und Ideen im Graben.

Auf die Art der Kommunikation kommt es also wesentlich an. Doch vielen Menschen ist oft gar nicht bewusst, wie sehr sie schon mit ihrer Sprache Kampf und Eskalation heraufbeschwören. Das ist oft nicht nur unnötig, sondern auch schädlich für die Zusammenarbeit. Selbst wenn man sich in einer starken Position befindet und aufgrund seiner Macht oder Autorität bestimmen kann, wo's langgeht, tut man gut daran, sein Gegenüber nicht zu überrollen. Das heißt: Nur, wenn Sie Ihre Verhandlungspartner, Kollegen oder Mitarbeiter als Menschen mit Gefühlen und Bedürfnissen erkennen und Ihnen vermitteln, dass Sie sie ernst nehmen, sichern Sie sich ihre langfristige Kooperationsbereitschaft.

In diesem Kapitel lernen Sie daher, sensibel mit Ihren Worten umzugehen – und durch Zuhören, Fragen, Paraphrasieren und das Ansprechen von Gefühlen und Bedürfnissen Brücken zu Ihren Gesprächspartnern zu bauen.

Mit Fragen das Gespräch führen

Geschlossene Fragen einsetzen Übung 8
5 min

Fragen helfen Ihnen, die Interessen und Motive anderer Menschen besser zu erkennen – und das ist wichtig, um sie mit ins Boot zu holen. Doch Frage ist nicht gleich Frage: Je nach Wirkung unterscheidet man zwischen offenen und geschlossenen Fragen. Geschlossene sind solche, auf die der andere von der Form her (zunächst) mit Ja oder Nein antworten muss. Beispiel: „Sind Sie Controller?" „Nein. (Ich bin Buchhalter.)"

Für diese Übung brauchen Sie einen Partner oder eine Partnerin. Setzen Sie sich entspannt gegenüber und einigen Sie sich auf ein Thema, zum Beispiel die aktuelle Arbeitssituation, den letzten Urlaub oder die Familie. Befragen Sie den anderen ausschließlich mit geschlossenen Fragen. Versuchen Sie außerdem, möglichst viele Fragen zu stellen.

Beobachten Sie, wie sich die Gesprächsatmosphäre entwickelt, wie sich Ihr Gegenüber verhält und achten Sie auf Ihre eigenen Gedanken und Gefühle. Wenn Sie wollen, können Sie dann die Rollen tauschen.

Lösungstipp

Geschlossene Fragen beginnen zum Beispiel mit „Sind Sie ...?", „Können Sie ...?", „Haben Sie ...?".

Lösung

Abgesehen von Menschen, die generell Spaß am Erzählen haben, werden Sie in den meisten Fällen bemerken, dass das Gespräch immer stockender und karger, Ihr Gegenüber immer zurückhaltender, vielleicht sogar skeptisch oder ärgerlich wird. Geschlossene Fragen nämlich wirken – geballt eingesetzt – auf den Befragten wie ein Verhör. Er hat das Gefühl, in die Enge getrieben zu werden, keine Wahl mehr zu haben oder manipuliert zu werden. Ein echter Dialog mit gleichberechtigten Partnern kann sich so nicht entwickeln.

Praxistipps

Geschlossene Fragen haben trotzdem eine sinnvolle Funktion. Setzen Sie sie bewusst ein

- am Ende eines Gesprächs,
- um sehr ausschweifende Gesprächspartner auf den Punkt zu bringen,
- als Hilfestellung bei unentschiedenen Gesprächspartnern.

Die Suggestivfrage ist eine besonders kritische Form der geschlossenen Frage. Zum Beispiel steckt hinter „Sie möchten doch sicher auch ...?" eher die Absicht, seinem Gegenüber die eigene Meinung aufzudrängen als dessen Sicht der Dinge zu erkunden. Merkt der andere dies, reagiert er in der Regel mit heftigem Widerstand. Also: Finger weg von Suggestivfragen.

Offene Fragen einsetzen   Übung 9
⏱ **5 min**

Das Gegenstück zu den geschlossenen sind die offenen Fragen. Fragen also, auf die der andere eingeladen ist, mehr als nur Ja oder Nein zu sagen. Offene Fragen werden oft auch als W-Fragen bezeichnet, weil sie mit einem Fragepronomen (*wer*, *wo*, *wann*, *warum*, usw.) beginnen.

Wiederholen Sie die vorhergehende Übung mit Partner nun mit ausschließlich offenen Fragen. Einigen Sie sich vorher wieder auf ein Thema. Ihr Gegenüber hat die Aufgabe, auf jede offene Frage mit einem Satz zu antworten. Schleicht sich doch gelegentlich eine geschlossene Frage ein, antwortet er schnell „Ja-nein".

Beobachten Sie den Unterschied, was Ihre Gedanken und Gefühle, die Gesprächsatmosphäre und die Haltung Ihres Gegenübers betrifft.

Lösungstipp

Mit offenen Fragen ein Gespräch zu führen, fällt nicht jedem leicht. Weist Ihr Gegenüber Sie wiederholt auf eine geschlossene Frage hin, formulieren Sie diese um. Stellen Sie dazu ein W-Fragewort an den Anfang. Das ist nicht immer einfach, manchmal müssen Sie Ihren Gedanken etwas erweitern, zum Beispiel: Anstatt „Haben Sie ein eigenes Büro?" sagen Sie: „Wie sieht Ihre Arbeitsumgebung aus?" Anstatt „Hast du schon Urlaub gehabt?" fragen Sie: „Was machst du im Urlaub?"

Lösung

Folgende Frageworte haben Sie vermutlich verwendet:

- Wer? Wie? Was?
- Wo? Wohin? Wofür?
- Wann? Wobei? Worüber? Womit?
- Welche? Welcher? Welches?
- Wieso? Weshalb? Warum?

Oder Sie haben konkretisierende Fragen eingesetzt:

- Wer/Was genau?
- Wie genau? ...

Praxistipp

Ich warne vor einer inflationären Verwendung der Fragen „Wieso? Weshalb? Warum?" Denn sie bringen Ihr Gegenüber in Rechtfertigungszwang, was leicht in einen Gegenangriff münden kann. Außerdem richten Sie dadurch die Aufmerksamkeit tendenziell in die Vergangenheit. Und dort findet man Probleme, Ursachen, Schuldige, nicht aber die Lösung eines Problems. Ersetzen Sie versuchsweise „Wieso? Weshalb? Warum?" durch „Wofür? Inwiefern?" und achten Sie darauf, ob Ihr Gegenüber jetzt anders reagiert.

> Wer viel über die Gedankenwelt seines Gegenübers weiß, setzt sich leichter durch. Und Ihr Wissen erweitern Sie durch Fragen. Das wusste schon Sokrates!

Mit Fragen zur Lösung führen Übung 10
⏱ 3 min

Menschen haben, bildlich gesprochen, zwei Denkräume: einen Problemdenkraum, der verstaubt und dunkel ist und zugestellt mit Kisten voller Schwierigkeiten, und einen Lösungsdenkraum, der hell und offen, lichtdurchflutet und voller Möglichkeiten ist. Mit jeder Frage, die Sie stellen, führen Sie Ihr Gegenüber entweder in den einen oder in den anderen Raum.

Formulieren Sie folgende Fragen um, so dass Sie Ihr Gegenüber in den Lösungsraum führen:

1 Wieso hat sich noch keiner darum gekümmert?
2 Was ist denn da beim Kunden schon wieder schief gelaufen?
3 Wer hat diesen Fehler zu vertreten?
4 Wie konnte das nur passieren?
5 Warum haben wir das Budget überzogen?
6 Was passt Ihnen an dieser Lösung nicht?

Lösungstipp

Sie sehen: Nicht nur mit „Wieso? Weshalb? Warum?" führen Sie Ihr Gegenüber in den Problemraum. Auch auf Richtung und Zeit der Frage kommt es an. Denken Sie daran: Die Lösung liegt in der Zukunft, also stellen Sie zukunftsorientierte Fragen!

Lösung

1 Wer kümmert sich in Zukunft darum?
2 Wie können wir den Kunden schnellstmöglich besänftigen?
3 Wie können wir diesen Fehler korrigieren?
4 Welche Alternativen haben wir jetzt?
5 Wie kriegen wir die Kosten in den Griff?
6 Wie müssten wir die Lösung ändern, damit Sie zufrieden sind?

Praxistipp

Wundern Sie sich auch manchmal darüber, dass Besprechungen so uneffektiv ablaufen? Meist liegt das daran, dass nach Problemen, Ursachen und Schuldigen anstatt nach Möglichkeiten, Lösungen und Perspektiven gesucht wird. Achten Sie einmal in Meetings darauf, in welchen Denkräumen sich die Teilnehmer gerade befinden, wenn es kontrovers wird. Mit einer lösungsorientierten Frage können Sie verfahrene Gespräche nicht nur in eine konstruktivere Richtung lenken, sondern sich mit Ihrer eigenen Lösung auch gekonnt in Szene setzen!

> Manchmal hilft es, die „Wunderfrage" zu stellen: „Stellen Sie sich vor, es geschieht über Nacht ein Wunder, Sie wissen gar nicht wie, aber plötzlich haben Sie eine gute Lösung. Was hat sich geändert? Woran würden Sie die gute Lösung erkennen? Welche Schritte können dorthin führen?"

Bauen Sie Brücken!

Paraphrasieren — Übung 11
⏱ 2 min

Wenn Sie Ihrem Gegenüber Verständnis signalisieren, gewinnen Sie am ehesten seine Bereitschaft, Ihnen zuzuhören. Eine bewährte Technik dafür ist das Paraphrasieren: Sie wiederholen in Ihren eigenen Worten, was Sie von dem, was der andere gesagt hat, verstanden haben.

Stellen Sie sich vor, Sie werden mit folgenden Äußerungen konfrontiert. Paraphrasieren Sie jede schriftlich oder mündlich, wobei Sie eine Wendung wie „Ich verstehe ..." oder „Ich sehe ..." vorschieben können. Beispiel: „Diese Gehaltsforderung kann ich nicht akzeptieren." Paraphrasierende Antwort: „Ich verstehe, Sie können nicht so viel Gehalt zahlen."

1 „Das sollten Sie schleunigst regulieren."
2 „Ein neues Netzwerk ist doch viel zu teuer!"
3 „Mit diesem ganzen technischen Kram kann ich mich nicht auch noch auseinandersetzen!"

Lösungstipp

Diese Technik ist nicht banal, sondern hat durchaus ihre Tücken. Achten Sie darauf, dass Sie das Gesagte nicht schon zu stark interpretieren. Leichter wird's, wenn Sie ohne Anspruch auf Originalität oder intellektuellen Wert in eigenen Worten wiedergeben, was der andere wörtlich gesagt hat.

Lösung

1 Ich sehe schon, ich muss mich sofort um eine Lösung kümmern.

2 Ich verstehe, Sie können nicht so viel ausgeben für das Netzwerk.

3 Sie wollen mit den technischen Details nicht belastet werden.

Praxistipps

- Vielleicht haben Sie die Befürchtung, mit dieser Technik könnten Sie wie ein Papagei wirken oder bei Ihrem Gegenüber den Eindruck erwecken, Sie wollten ihn auf den Arm nehmen. Das ist nachvollziehbar. Denn wir sind es nicht gewöhnt, auf so sanfte Art und Weise miteinander umzugehen. Damit Ihr Gesprächspartner Sie ernst nimmt, sollten Sie eigene Worte finden, die man Ihnen abnimmt. Dann wirken Sie auch authentisch.

- Starten Sie die ersten Versuchsballons eher im privaten Umfeld. Fragen Sie Ihren Gesprächspartner, wie er diese Form der Gesprächsführung empfindet. Sie dürfen gespannt sein!

- Killerphrasen können Sie mit einer (dramatisierenden) Paraphrase wunderbar entlarven: Aus „Das bringt doch nichts!" wird dann: „Sie meinen, was wir hier tun, ist durch und durch sinnlos?" Nun muss Ihr Gegenüber seinen Pauschalangriff zurücknehmen oder mit einem echten Argument kontern.

Holen Sie sich das Ja Ihres Gesprächspartners ab!

Übung 12
⏱ 5 min

Diese Gesprächsführungstechnik ist der in der vorhergehenden Übung sehr ähnlich. Jetzt legen Sie jedoch vor allem Wert darauf, Ihr Gegenüber zu einem spontanen „Ja" oder „Ja genau" zu veranlassen, indem Sie fragend zusammenfassen, was bei Ihnen gelandet ist. Paraphrasieren Sie nach folgendem Muster: „Das kann doch so gar nicht klappen!" – „Aha, Sie zweifeln also, dass die Sache überhaupt umsetzbar ist?" – „Ja, genau!"

1 Diesem Kunden kann man auch nichts recht machen!
2 Ich glaube nicht, dass der Chef damit einverstanden ist.
3 Was Sie mit diesem weltfremden Vorschlag bezwecken wollen, ist mir schleierhaft.
4 Wenn ich das Ergebnis nicht bis morgen habe, ist hier aber wirklich die Kuh auf dem Eis!
5 In Ihrem Team fehlt der Zug. Da ist doch jedem das Hemd näher als die Hose!

Lösungstipp

Hilfreich ist es, wenn Sie Ihre fragende Zusammenfassung zum Beispiel mit folgenden Worten einleiten:

- Wenn ich Sie richtig verstehe ...?
- Sie finden/zweifeln/wollen also ...?
- Heißt das ...?

Lösung

1 „Heißt das, Sie konnten ihn bislang nie zufrieden stellen?"

2 „Hm, Sie zweifeln also daran, dass der Chef bei diesem Vorgehen mitspielt?"

3 „Ihnen ist also noch nicht ausreichend klar geworden, worauf ich hinaus will?"

4 „Heißt das, Sie brauchen das Ergebnis definitiv morgen, sonst gibt es Schwierigkeiten?"

5 „Sie finden also, dass wir zu wenig engagiert sind und uns der Teamgeist fehlt?"

Praxistipps

- In der Praxis vergessen wir oft, dass unser Gegenüber etwas Zeit braucht, um zu realisieren, dass wir ihm gerade eine Brücke bauen. Warten Sie daher unbedingt ab, bis der andere zugestimmt hat. Dabei sollten Sie ihn körpersprachlich nicht bedrängen, sondern eine eher passive Haltung einnehmen, mit gleichzeitig aufmerksamem Blickkontakt. Warten Sie hingegen keine Zustimmung ab, entsteht der Eindruck, Sie wollten Ihr Gegenüber überrumpeln oder manipulieren.

- Wenn Ihr Gesprächspartner zu einer weiteren Erklärung ausholt, hat er Ihre Brücke offenbar noch nicht angenommen: Hören Sie, wenn es die Situation erfordert, ruhig noch einmal zu und paraphrasieren Sie erneut.

Gefühle ansprechen Übung 13
⏲ **5 min**

Eine spezielle Form, dem anderen Verständnis zu signalisieren, ist das Ansprechen (mehr oder weniger) unterschwelliger Gefühle. Dabei thematisieren Sie nicht, was wörtlich gesagt wurde, sondern greifen auf, welche Emotion Sie aus dem Gesagten herausgehört haben. Beispiel: „Dieses bekloppte Projekt geht seit Wochen nicht voran!" – „Das scheint Sie mächtig zu ärgern." Spiegeln Sie Ihrem Gegenüber den Gefühlsanteil in folgenden Aussagen.

1 Der Chef macht mich mit seinem Hin und Her noch ganz kirre!
2 Warum jetzt schon ein Projektplan? Wir wissen doch noch gar nicht, was unser Kunde genau will.
3 Was wäre ich froh, wenn diese unglückselige Projektpräsentation schon rum wäre!
4 Die da oben kommen immer mit irgendwelchen abgefahrenen Ideen, und wir können dann schauen, wie wir sie umsetzen!
5 Ich reiß mir für die kein Bein mehr aus, die lehnen eh jeden Vorschlag mit der Begründung „zu teuer" ab.

Lösungstipp

Es geht nicht darum, dass Sie hier das „echte" Gefühl Ihres Gegenübers herausfinden oder ihm gar sagen, Sie wüssten, was genau er fühlt. Sie zeigen eigentlich nur, dass Sie **versuchen** ihn zu verstehen – auf allen Ebenen.

Lösung

Weil wir nie wissen, wie der andere sich fühlt, können Sie in dieser Übung nur Vermutungen anstellen. Deswegen sind Ihre Vermutungen genau so richtig wie meine. Betrachten Sie meine Lösungsangebote deswegen eher als Vorschläge denn als Musterlösung.

1 Hm, es macht dich wohl ziemlich nervös, dass du nie weißt, woran du bist.
2 Sie haben die Befürchtung, dass Sie der Projektplan zu sehr einengt?
3 Klingt so, als ob dir die Präsentation ganz schön schwer im Magen liegt.
4 Ihr fühlt euch da ziemlich allein gelassen, oder?
5 Klingt so, als ob du schon ziemlich viel ohne Erfolg probiert hast und jetzt mächtig frustriert bist.

Praxistipps

- Wichtig ist auch hier, dass Sie eigene Worte finden, die man Ihnen abnimmt. Auswendig gelernte „Formeln" werden schnell als nicht ernst gemeint entlarvt.
- Besonders geeignet ist die Technik, um Widerstände aufzulösen. So können Sie ergründen, welche Ängste und Befürchtungen hinter Blockaden stehen – und diese auch leichter ausräumen.
- Wenn Ihnen die Technik zu ungewohnt erscheint: Experimentieren Sie ruhig erst im privaten Umfeld.

Eine Brücke bauen Übung 14
 🕐 5 min

Nutzen Sie nun die bislang vorgestellten Techniken, um in den folgenden Situationen eine Brücke zu Ihrem Gegenüber zu bauen.

1 Ein Kollege beginnt eine Besprechung mit folgenden Worten: „Also, wir wollen heute eine Lösung für das mehr als festgefahrene Projekt ‚Alpha' finden. Die Kollegin Maier hat ja anscheinend einen Vorschlag, aber ganz ehrlich, ich sehe nicht, wie wir diesen Karren überhaupt noch mal aus dem Dreck bekommen."

2 Es geht um einen schwierigen Kunden. Ihre Chefin hat keine Lust mehr, auf dessen Sonderwünsche einzugehen. Sie beginnt das Gespräch mit: „Also, Sie haben mir ja einen Vorschlag gemacht, wie wir Ihrer Meinung nach mit dem Kunden Abraxas weiter vorgehen sollen. Ich glaube aber nicht, dass wir so weiterkommen."

3 Sie wollen Ihre Mitarbeiter motivieren, für einen Großauftrag Überstunden zu fahren. Diese meckern: „Och, nicht schon wieder wir. Das bringt doch eh nichts, und danken tut's uns auch keiner."

Lösungstipp

Eine Brücke bauen Sie zum Beispiel, indem Sie in eigene Worte fassen, was der andere gesagt hat oder ansprechen, welche Gefühle Sie heraushören.

Lösung

1 Sie paraphrasieren: „Das klingt so, als ob Sie echte Bedenken haben, dass es für diese knifflige Situation überhaupt eine gute Lösung gibt." Damit zeigen Sie Ihrem Kollegen, dass Sie seine Bedenken zwar ernst nehmen, regen ihn aber gleichzeitig dazu an, seine Position noch einmal zu überdenken. Stimmt er Ihrer Paraphrase zu, wissen Sie zumindest: Hier ist noch Überzeugungsarbeit verlangt.

2 Sie thematisieren das Gefühl, das Sie herausgehört haben: „Aha, Sie sehen die Sache als hoffnungslos an – Sie glauben nicht, dass ich mit dem Kunden fertig werde?" Stimmt sie zu, sollten sie versuchen, das Vertrauen der Chefin in Ihre Fähigkeiten wieder zu stärken.

3 Sie holen sich ein Ja ab: „Sie sind frustriert und haben eigentlich keine Lust, viel Arbeit zu investieren, ohne dafür irgendwelche Anerkennung zu bekommen?" Das können Ihre Mitarbeiter nun bestätigen – oder relativieren.

Praxistipp

Wenn wir uns durchsetzen wollen, tun wir das oft, indem wir lauter werden und heftig argumentieren. Ob Sie sich durchsetzen oder nicht, entscheidet aber letztlich Ihr Gesprächspartner durch seine Reaktion: Handeln oder Blockade. Und so werden Ihre besten Argumente nichts nützen, wenn Ihnen Ihr Gegenüber gar nicht zuhört. Bauen Sie also zuerst eine Brücke – auf ihr lassen sich Ihre Argumente besser transportieren.

Wandeln Sie Einwände in Kooperation um!

Übung 15
🕐 5 min

Mit dem folgenden dreistufigen Konzept, das viele der vorangegangenen Elemente enthält, können Sie Einwände in konstruktive Vorschläge umwandeln:

- Aktives Zuhören und „Ja" abholen.
- Konkretisierende Frage (Wer genau...? Wie genau...? Was genau...?)
- Lösungsorientierte Frage (Was schlagen Sie vor? Was sollten wir Ihrer Meinung nach tun? Was erwarten Sie konkret von mir?)

Sie sind im Controlling Ihrer Firma tätig. Sie haben gerade die aktuellen Zahlen veröffentlicht, da ruft Abteilungsleiter Mager an und will Sie dazu bringen, dass Sie alles noch einmal durchrechnen. Denn seine Zahlen sind sehr schlecht. Wie reagieren Sie? Erfinden Sie einen kleinen Dialog, in dem Sie obiges Schema unterbringen. Beginnen Sie mit dem Vorwurf von Mager: „Diese Zahlen können so nicht stimmen. Rechnen Sie die noch mal durch!"

Lösungstipps

- Es kommt nicht darauf an, sofort den Kern des Problems zu benennen, sondern Ihrem Gegenüber zu signalisieren, dass Sie ihn ernsthaft zu verstehen versuchen.
- Bringen Sie Ihr Gegenüber auf die konstruktive Ebene zurück, indem Sie selbst konstruktiv, deeskalierend und lösungsorientiert formulieren.

Lösung

Der Dialog könnte zum Beispiel wie folgt ablaufen:

Mager: „Diese Zahlen können so nicht stimmen. Rechnen Sie die noch mal durch!"

Sie: „Sie zweifeln also daran, dass diese Zahlen so stimmen?" (aktives Zuhören, Paraphrase)

Mager: „Ja genau, wenn das so stimmen würde ... Wie stehen wir denn dann vor der Geschäftsleitung da?"

Sie: „Sie fürchten also, mit diesen Zahlen vor der Geschäftsleitung Ihr Gesicht zu verlieren." (Gefühle ansprechen)

Mager: „Ja genau! Wie sieht denn das aus?"

Sie: „An welcher Stelle genau weichen denn Ihre Zahlen von meinen ab?" (konkretisierende Nachfrage)

Mager: „Na ja, so direkt weichen sie nicht ab. Aber da ist ja eine Maschine kaputt gegangen, deren Reparatur sehr teuer war, was wirklich stark zu Buche schlägt. Und dann sieht das so aus, als ob wir nicht gut gearbeitet hätten."

Sie: „Welche Möglichkeiten haben Sie denn, die Kosten für die Reparatur zu verbuchen?" (lösungsorientierte Frage)

Praxistipp

Nehmen Sie bei den lösungsorientierten Fragen Ihr Gegenüber mit seinem Wissen in die Pflicht. Es gibt einen klugen Satz, der heißt: Der Träger des Problems ist meist auch der Träger der Lösung. Sie machen es sich also leichter, wenn Sie die Lösung konkret abfragen.

Achten Sie auf Ihre Worte!

Formulieren Sie Kritik in Wünsche um!   **Übung 16**   ⏱ **5 min**

Erinnern Sie sich an eine Situation, in der Sie jemand kritisiert hat. Welche Gedanken und Gefühle hatten Sie, und wie haben Sie reagiert?

Oft kritisieren wir Menschen, wenn sie nicht das tun, was wir gerne hätten, oder es anders machen, als wir es erwarten. Kritik hat aber hohe Folgekosten. Sie wirkt sich negativ auf Ihre Beziehung aus und auf das Selbstwertgefühl Ihres Gegenübers. Und sie hat meist nur minimalen Erfolg: Anstatt zu kooperieren, blockiert der andere. Erfolg versprechender ist es daher, Kritik in Wünsche umzuformulieren.

Formulieren Sie die folgende Kritik in einen Wunsch um:

1. Nie hörst du mir zu!
2. Sie haben mich wieder nicht rechtzeitig informiert!
3. In Ihrem Lösungsvorschlag haben Sie unsere Argumente nicht ausreichend zur Geltung gebracht!
4. Was haben Sie sich nur dabei gedacht, dem Kunden diese Zusage zu machen, ohne das vorher mit mir abzusprechen?

Lösungstipp

Kritik richtet sich in die Vergangenheit, Wünsche zielen in die Zukunft.

Lösung

1 Ich bitte dich, mich ausreden zu lassen und mir zuzuhören.
2 Ich bitte Sie, mich bei der nächsten Besprechung mindestens zwei Stunden vorher über meinen Part zu informieren.
3 Ich wünsche mir, dass Sie in der nächsten Präsentation unsere besten Argumente am Schluss noch einmal auf einer Folie zusammenfassen.
4 In Zukunft erwarte ich von Ihnen, dass Sie sich mit mir absprechen, bevor Sie einem Kunden Zusagen machen.

Praxistipps

- In der Praxis ist Kritik sehr weit verbreitet. Beobachten Sie an eigenen und fremden Reaktionen, welchen Nutzen sie tatsächlich hat. Manchmal ist Kritik vielleicht notwendig – wann, das entscheiden letztendlich Sie selbst.
- Experimentieren Sie abwechselnd mit Wünschen und Kritik – und vergleichen Sie die Wirkung.

> Wünsche sind stets zukunftsorientiert, in Ich-Botschaften gekleidet (siehe Übung 17) und möglichst konkret formuliert.

Sprechen Sie in Ich-Botschaften!

Übung 17
5 min

Leider sprechen wir im Alltag viel zu stark in Du-Botschaften. Das heißt, wir bewerten den anderen, machen ihm Vorschriften oder Vorwürfe, anstatt zu formulieren, was wir wollen (Ich-Botschaften). Ausschlaggebend dafür ist, dass uns unsere Wünsche, Gefühle und Bedürfnisse oft gar nicht bewusst sind. Doch wer sich mit seinen Bedürfnissen, Interessen usw. durchsetzen will, kommt weiter, wenn er diese klar formuliert. Das können Sie üben. Wandeln Sie die folgenden Du-Botschaften in Ich-Botschaften um. (Auf den Kontext kommt es nicht an – improvisieren Sie!)

1 So vergraulen Sie den Kunden doch! Machen Sie ihm dieses Mal wenigstens ein gutes Angebot.
2 Sie sollten Ihre Mitarbeiter etwas autoritärer führen!
3 Mit dieser Krawatte machst du dich lächerlich!
4 Dir kann man einfach nichts anvertrauen! Oder woher weiß der Meier schon, dass ich das Projekt bekommen soll?
5 So wie du dich benommen hast, brauchst du dich nicht zu wundern, wenn dein Kollege den Job bekommt.

Lösungstipp

„Ich finde, du bist ..." ist keine Ich-Botschaft, sondern eine versteckte Du-Botschaft. Echte Ich-Botschaften erkennen Sie daran, dass sie wirklich von Ihren ureigenen Gefühlen, Bedürfnissen, vielleicht sogar Ängsten handeln.

Lösung

Diese Lösungsvorschläge enthalten Annahmen über eventuelle Auslöser, die von Ihrer Situationsvorstellung sicher abweichen. Daher sind Sie vielleicht auf ganz andere, aber genauso richtige Du-Botschaften gekommen.

1 Ich möchte diesen Kunden unbedingt halten. Machen Sie ihm deswegen bitte ein so gutes Angebot, dass er bei uns bleibt.
2 Ich fürchte um das Projektziel, wenn Sie Ihren Mitarbeitern weiterhin so viel Spielraum lassen. Ich bitte Sie, dafür zu sorgen, dass die Zeitvorgaben eingehalten werden.
3 Mir gefällt die blaue Krawatte zu dem Anzug viel besser!
4 Es hat mich geärgert, dass Meier schon von meinem neuen Projekt weiß. Ich wünsche mir für die Zukunft, dass persönliche Informationen unter uns bleiben. Einverstanden?
5 Ich wünsche mir für die Zukunft, dass wir auch und gerade für Konfliktsituationen eine konstruktive Gesprächskultur finden.

Praxistipp

Ich-Botschaften sind keine Weichspüler. Sie sagen durchaus direkt, was Sie fühlen und wollen. Wichtig ist allein: Sie sprechen von sich – nicht über den anderen!

Drücken Sie es positiv aus! Übung 18
🕐 5 min

Ob Sie durch Ihre Formulierung die Konzentration eher auf Probleme als auf Lösungen, auf Defizite als auf Ressourcen, auf das nicht Machbare als auf das Machbare richten – die Wirkung wird jeweils eine ganz andere sein. Sie wissen ja: Es ist nicht dasselbe, ob das Glas halb voll oder halb leer ist, auch wenn es den gleichen Sachverhalt darstellt. Grenzen Sie sich also in Ihrer Durchsetzungsstärke nicht ein, indem Sie die Dinge negativ formulieren.

Formulieren Sie folgende Sätze positiv:

1 Der zweite Vorschlag gefällt mir nicht so gut. Die Darstellung finde ich dort nicht so gelungen.
2 Es wird ziemlich schwirig, den Zeitplan einzuhalten.
3 Schade, dass wir den ersten Platz so knapp verpasst haben.
4 Sie sprechen viel zu laut für diesen Rahmen!
5 Ich fand es nicht so gut, dass du am Anfang des Vortrags deinen Namen nicht gesagt hast.
6 Es ärgert mich, dass du schon wieder den Müll nicht runtergebracht hast.

Lösungstipp

Wenn Sie Ihre Äußerung negativ formulieren, ist Ihre Aufmerksamkeit bei den Problemen statt bei Lösungen. Thematisieren Sie also, was gut ist oder schon gut funktioniert.

Lösung

1 Der erste Vorschlag gefällt mir sehr gut. Die Darstellung finde ich dort sehr gelungen.

2 Um den Zeitplan noch einzuhalten, brauchen wir den vollen Einsatz aller Mitarbeiter. Wenn wir alle an einem Strang ziehen und möglichst viele Ressourcen aktivieren, schaffen wir es!

3 Wir haben bei dem Wettbewerb einen guten zweiten Platz belegt. Das ist schon ein toller Erfolg!

4 Sie haben eine sehr voluminöse Stimme, mit der Sie gut auch große Räume füllen können.

5 Mir hat die Geschichte sehr gut gefallen, die du zur Einleitung erzählt hast. Zusätzlich fände ich es noch hilfreich, wenn du zu Beginn deinen Namen nennen würdest.

6 Danke fürs Einkaufen und Kistenschleppen. Würdest du bitte nachher noch den Müll mit runter nehmen?

Auch wenn im Schwäbischen gilt „Nicht gemeckert ist genug gelobt" – motivierend ist das nicht. Es ist ein großer Unterschied, ob meine Arbeit „nicht schlecht" bewertet wird oder vielleicht sogar „gut". Formulieren Sie deswegen positiv: Was hat Ihnen gefallen? Oder benennen Sie lösungsorientierte Ansätze: Was hätten Sie gerne? Was brauchen Sie zusätzlich? Worum bitten Sie? Meckern, sich beschweren, auf Fehler anderer zeigen hingegen sind Verhaltensweisen, die destruktiv wirken.

Erfolgreich verhandeln und argumentieren

Gewinn abwägen
Übung 19 — 5 min

Sich durchgesetzt zu haben ist im ersten Moment ein gutes Gefühl. Wir fühlen uns stark, klug oder wichtig, und all das steigert unser Selbstwertgefühl. Wenn wir dabei aber anderen gegenüber rücksichtslos oder manipulativ aufgetreten sind, hat unser Verhalten Folgekosten, z. B. dass der andere nicht mehr mit uns kooperiert oder Informationen zurückhält. Das kann unseren Erfolg mittel- oder langfristig zunichte machen.

Versetzen Sie sich in folgende Situationen. Überlegen Sie, welcher kurzfristige Gewinn winkt. Stellen Sie diesem mittel- und langfristige Folgekosten gegenüber.

1. Sie haben Ihr Zeitungsabonnement für eine Woche ausgesetzt, nach zehn Tagen ist die Zeitung aber immer noch nicht im Briefkasten. Sie rufen im Verlag an. Der Sachbearbeiter weist Sie darauf hin, dass die Pause in seinem System für zehn Tage eingetragen war. Sie ärgern sich – der Fehler hat ja nicht bei Ihnen gelegen!
2. Im Team passiert ein Fehler. Alle wissen, wer ihn verursacht hat, aber niemand will dazu etwas sagen. Das sehen Sie nicht ein und wollen bei der nächsten Teamsitzung den Kollegen persönlich zur Verantwortung ziehen.

Lösung

1. **Gewinn:** Maximal können Sie eine Erstattung für drei Tage heraushandeln. **Beweisen**, dass der Fehler beim Verlag liegt, können Sie wohl kaum. Und selbst wenn: Recht haben ist ein sehr zweifelhafter Gewinn. (Der einzig echte Verhandlungserfolg wäre, dass Sie Ihre Zeitung so schnell wie möglich wiederbekommen.)
Folgekosten: Den Eindruck, den Sie beim Sachbearbeiter hinterlassen, wenn Sie auf Ihr Recht beharren, wird sein: „Dieser Kunde toleriert keine Fehler und ist schwierig." Auf Ihr Zeitungsabo wird das aber kaum Einfluss haben.

2. **Gewinn:** Sie weisen dem Kollegen nach, dass er für den Fehler verantwortlich ist.
Folgekosten: Dieser Gewinn hat langfristig gleich mehrfach negative Konsequenzen: Die Wahrscheinlichkeit, dass sich der Kollege bei nächster Gelegenheit revanchieren wird, ist groß. Gleichzeitig setzen Sie für alle anderen Anwesenden das Signal: Wenn's mal schwierig wird, ist mit dem nicht gut Kirschen essen. Vermutlich werden sich nun die anderen Kollegen Ihnen gegenüber eher zurückhaltend oder gar misstrauisch verhalten.

> „Willst du Recht haben oder Freunde?" Recht haben gibt einem zwar oft das Gefühl stark zu sein. Aber zumindest im Verhältnis zu Menschen, mit denen man öfter zu tun hat, hat es hohe Folgekosten auf der Beziehungsebene: Wer verkehrt schon gerne mit einem Rechthaber, um stets suggeriert zu bekommen, man selbst sei dümmer?

Stellen Sie Win-win-Situationen her!

Übung 20
5 min

Auf besonders kluge und diplomatische Art setzen Sie sich durch, indem Sie Win-win-Situationen herstellen. Ziel ist dabei, dass alle Beteiligten mit dem Ergebnis zufrieden sind.

Beispiel: Ein Ladenbesitzer hat sich bei Ihrem Einkauf zu Ihren Ungunsten verrechnet. Sie merken das erst zu Hause, haben aber die Rechnung nicht mitgenommen. Also können Sie nur auf seine Kulanz hoffen. Mögliche Lösung: Sie gehen noch einmal zurück, um den Irrtum aufzuklären, und bieten dem Ladenbesitzer an, Ihnen das Geld in Form eines Gutscheins zurückzugeben.

Finden Sie nun für die folgenden Situationen Lösungen, mit denen jeder der Beteiligten gut leben kann.

1 Einer Ihrer Mitarbeiter möchte unbedingt eine spezielle Fortbildung wahrnehmen und natürlich auch bezahlt bekommen. Sie haben aber kein Budget mehr für Fortbildungen.
2 Ihr Partner/Ihre Partnerin möchte im Urlaub etwas erleben, Sie aber wollen sich vor allem entspannen.

Lösungstipp

Beziehen Sie in Ihre Lösung auch nicht-monetäre Aspekte wie Kundenbindung, Vertrauen, Kooperation, Motivation oder Zufriedenheit mit ein.

Lösung

1 Wenn Sie die Möglichkeit haben, dem Mitarbeiter unbezahlten Urlaub oder gar Sonderurlaub zu geben, damit er die Fortbildung auf eigene Kosten wahrnehmen kann, haben Sie beide gewonnen: Der Mitarbeiter kann die Schulung machen, ohne wertvolle Urlaubstage zu verlieren. Dafür muss er sie selbst zahlen. Sie verzichten dafür einige Zeit auf ihn, müssen aber kein Extra-Budget für die Schulung genehmigen. Außerdem werden Sie mittel- und langfristig nicht nur von seinen zusätzlichen Kompetenzen profitieren, sondern auch von seiner gesteigerten Motivation.

2 Ein klassischer Kompromiss und damit eine Win-win-Situation wäre: Sie machen eine Woche Erlebnisurlaub und anschließend eine Woche Strand- oder sonstigen Erholungsurlaub. Dazu suchen Sie sich am besten gemeinsam ein Reiseland aus, das Ihnen beides bieten kann.

Sicher finden Sie noch andere Varianten!

> Donald Trump, amerikanischer Multimillionär, hat auf die Frage nach dem Geheimnis seines Erfolgs geantwortet, er sei nie vom Verhandlungstisch aufgestanden, bevor er nicht ein Ergebnis erreicht hatte, mit dem alle Beteiligten zufrieden waren. Es scheint sich also zu lohnen!

Überzeugen Sie durch Nutzenargumentation!

Übung 21
5 min

Wer sich Ihrer Meinung, Ihrem Vorschlag oder Ihrer Lösung anschließen soll, möchte in der Regel auch selbst einen Nutzen davon haben. Das Problem: Befindet sich Ihr Gegenüber in einer Blockadehaltung, erkennt er den eigenen Nutzen oft nicht – oder will ihn nicht sehen. Deswegen tun Sie gut daran, bei all Ihren Vorhaben auch die Vorteile der Gegenseite herauszustellen.

Überlegen Sie sich Nutzenargumente für die folgenden Situationen:

1 Sie wollen Ihre Kollegen dazu bringen, Fahrgemeinschaften zu bilden.
2 Sie wollen Ihren Partner/Ihre Partnerin dazu bewegen, gemeinsam regelmäßig Sport zu treiben.
3 Sie möchten, dass Ihr Chef bei Ihrer nächsten Präsentation dabei ist, damit er Ihnen hinterher Feedback geben kann.
4 Sie wollen Ihre Mitarbeiter dazu bewegen, an einem Team-Coaching teilzunehmen.
5 Sie wollen einen Kunden dazu bringen, dass er Sie rechtzeitig über hausinterne Schwierigkeiten informiert.

Lösungstipps

- Wenn Sie jemanden wirklich überzeugen wollen, sollten Sie auf pauschale Aussagen wie „Das hat doch auch für Sie Vorteile" verzichten. Solche Sätze sind nämlich Null-

Aussagen: Welcher Vorteil genau ist denn gemeint? Überzeugend wirken Sie also nur, wenn Sie auch gehaltvolle Argumente vorbringen.
- Auch ein schlüssiger Argumentationsaufbau ist von Vorteil. Nutzen Sie zum Beispiel folgendes Schema:
  - Sie formulieren Ihre Idee.
  - Sie benutzen eine (einleitende) Überzeugungsformel wie „Das hat für Sie den Vorteil, dass ...".
  - Sie nennen einen oder mehrere konkrete, möglichst individuelle Nutzen für den anderen.
- Die oben angegeben Argumentationsschritte müssen nicht immer in der genannten Reihenfolge erfolgen. Die Überzeugungsformel kann auch am Schluss stehen.

Lösung

Hier einige Vorschläge. Sicher sind Ihnen ganz individuelle Argumente eingefallen.

1 Ich schlage vor, dass wir Fahrgemeinschaften bilden. Dadurch spart nicht nur jeder von uns viel Geld, sondern wir können uns auch besser kennenlernen. Und ein kleines Netzwerk knüpfen. Ganz abgesehen davon leisten wir damit einen wertvollen Beitrag zum Umweltschutz.

2 Sag mal, was hältst du davon, wenn wir zusammen einen Kurs in Nordic Walking besuchen? Bei dieser Sportart sind wir viel an der frischen Luft, und man bewegt sich auf sehr gesunde Art. Wir könnten so auch mal wieder neue Leute kennenlernen. Das wolltest du doch immer.

3 Frau Müller, könnten Sie bei meiner nächsten Präsentation dabei sein und mir hinterher Feedback geben? Das hat für Sie den Vorteil, dass Sie einen genauen Eindruck davon bekommen, wo ich gerade stehe. Danach können wir gemeinsam die weiteren Schritte vereinbaren. Und Sie bekommen Anhaltspunkte, wie Sie mich in Zukunft bewerten.

4 Liebe Mitarbeiter, ich möchte gerne mit euch ein Team-Coaching durchführen. Das hat für uns alle den Vorteil, dass wir künftig effektiver und erfolgreicher arbeiten werden. Außerdem hat jeder Einzelne dadurch die Möglichkeit, die anderen einmal in einem komplett anderen Kontext kennen zu lernen. Und Spaß wird es bestimmt auch machen!

5 Sehr geehrter Herr Kunde, ich bitte Sie, mich in diesem Projekt möglichst sofort zu informieren, wenn in Ihrem Haus Schwierigkeiten auftreten sollten. Nur so kann ich schnell geeignete Gegenmaßnahmen ergreifen. So können auch aufwändige Nachbesserung vermieden und dadurch Zeit und Kosten gespart werden. Das ist doch auch in Ihrem Sinne, nehme ich an.

Praxistipps

Folgende Überzeugungsformeln können Sie einmal ausprobieren:

- Das hat für Sie den Vorteil ...
- Du magst doch gerne ...
- Es ist sicher auch in Ihrem Sinn, wenn ...
- Sie haben dadurch die Möglichkeit/Chance ...
- Sie setzen dadurch Ressourcen frei für ...
- Sie sichern sich dadurch ...
- Sie verschaffen sich damit (Respekt/Anerkennung/Prestige/Ansehen ...)
- Das bedeutet für Sie ...
- Das bringt Ihnen ...
- Das vergrößert Ihre ...
- Damit erreichen Sie ...
- Das ergibt für Sie ...

Wichtig ist, dass Sie Formulierungen finden, die aus Ihrem Mund auch glaubhaft wirken! Benutzen Sie also im Zweifelsfall lieber eigene Worte, als Überzeugungsformeln auswendig zu lernen und abzuspulen.

Sich als Moderator durchsetzen

Eine Besprechung leiten — Übung 22 — 5 min

Ob in einer Besprechung, einem Workshop oder einem Projekt – wer moderiert, hat viel Macht. Andererseits betrachtet man einen Moderator aus den eigenen Reihen oft skeptisch – und das macht das Führen einer Gesprächsrunde nicht gerade leicht. Ein Grund, Moderation öfter zu trainieren. Wenn Sie sich souverän verhalten, können Sie sich gegen Störungen und undisziplinierte Redner durchsetzen.

Angenommen, Sie haben in einer Besprechung als *primus inter pares* die Moderation übernommen. Was sagen Sie zu den Teilnehmern in folgenden Situationen:

1 Mehrere Kollegen reden gleichzeitig, es wird ständig unterbrochen, die Emotionen kochen hoch.
2 Die Redner kommen immer weiter vom Thema ab.
3 Sie wollen als Fachmann inhaltlich in die Diskussion eingreifen.

Praxistipp

Als Moderator sollten Sie erklären, warum Sie sich zu Wort melden und mit welcher Absicht Sie das tun. Denken Sie auch an eine Nutzenargumentation, die Sendung von Ich-Botschaften und achten Sie auf die Bedürfnisse – vor allem die der Allgemeinheit.

Lösung

Betrachten Sie die Lösungen als beispielhaft – sicher sind Ihnen noch andere Argumente und Moderationstechniken eingefallen:

1 „Im Moment reden hier gerade sehr viele Leute gleichzeitig, mit dem Ergebnis, dass ich nicht mehr alle Vorschläge nachvollziehen kann. Mir ist es wichtig, dass nichts verloren geht. Deswegen würde ich gerne alle Ansätze visualisieren. Sind damit alle einverstanden?"

2 „Mir ist gerade nicht mehr klar, inwiefern diese Diskussion zu unserem Thema gehört. Ich würde die Diskussion deswegen gerne etwas strukturieren. Sind Sie damit einverstanden, wenn wir zunächst bei TOP 3 weitermachen und den Punkt zuerst klären? Dann kommen wir zu TOP 4. Am besten, wir führen jetzt auch eine To-do-Liste mit Aufgaben, Verantwortlichen und Termin. Wer kann das übernehmen?"

3 „In meiner Rolle als Moderator bin ich zu inhaltlicher Neutralität verpflichtet. An dieser Stelle bin ich aber in meiner Funktion als Teilprojektverantwortlicher inhaltlich involviert. Ich würde deswegen gerne in dieser Funktion auch einen inhaltlichen Beitrag leisten." (Am saubersten ist es, wenn Sie für den inhaltlichen Beitrag auch Ihre Sitzposition verändern und erst, wenn Sie wieder moderieren, wieder nach vorne gehen).

Diplomatisch moderieren

Übung 23
⏱ **2 min**

Noch eine Szenario-Übung. Stellen Sie sich vor, Sie haben zu einer Besprechung eingeladen und Tagesordnung, Inhalte und das Ziel festgesetzt. Am Gespräch nehmen ausschließlich Führungskräfte teil: Ihre Vorgesetzten und weitere, in der Hierarchie über Ihnen stehende Personen. Sie müssen die Sitzung leiten. Leider sind die Teilnehmer nicht so diszipliniert, wie Sie es sich wünschen, und verlieren sich oft in Randgesprächen, Prestigediskussionen und Rangeleien. Welche Moderationstechniken dürfen Sie einsetzen, um Ruhe und Ordnung in das drohende Chaos zu bringen, ohne die Hierarchie-Regeln zu verletzen? Wählen Sie aus!

Moderationstechnik erlaubt?	ja	nein
1 Redner unterbrechen		
2 Gesagtes zusammenfassen		
3 Beiträge vom Redner für das Protokoll zusammenfassen lassen		
4 Jeden Redner zur Kürze mahnen		
5 Offene Kritik üben		
6 Zum Thema zurückführen		
7 Sachlichkeit einfordern (z. B. fragen, inwieweit der Beitrag zum Thema gehört)		
8 Schweiger nach ihrer Meinung fragen		

Lösung

Natürlich hängen die verwendeten Moderationstechniken immer stark vom Beziehungsgeflecht der Beteiligten ab. Aber einige Maßnahmen sollten Sie vermeiden, wenn Sie sich als Moderator bei Vorgesetzten durchsetzen wollen.

1: nein. 2: ja. 3: nein (das wäre Ihre Aufgabe). 4: nein. 5: nein. 6: ja. 7: ja. 8: ja.

Praxistipps

- Das Knifflige in dieser Situation ist, dass Sie sich in einem Rollenkonflikt befinden: Einerseits sind Sie noch immer (und vor allem auch hinterher) der Mitarbeiter oder die Mitarbeiterin, der/die auf das Wohlwollen des Vorgesetzten angewiesen ist. Andererseits sind Sie kraft Amtes verantwortlich dafür, dass die Sitzung geordnet verläuft und Sie zu einem guten Ergebnis kommen. Bei allem Selbstbewusstsein ist es in solchen Situationen klug, die bestehenden Hierarchien zu würdigen. Unterbrechungen oder offene Kritik fallen als mögliche Intervention daher weg.

- Wenn Sie eingreifen, erklären Sie auch hier, in welcher Rolle oder mit welcher Absicht Sie das tun. Zum Beispiel: „Meine Damen und Herren, als Moderator/in bin ich verantwortlich dafür, dass wir am Ende der Sitzung ein gutes Ergebnis haben. Deswegen bitte ich Sie ..."

Wenn Ihr Gegenüber nicht mitspielt

In diesem Kapitel lernen Sie,

- Eskalationen zu vermeiden (S. 183),
- mit unfairen Angriffen umzugehen (S. 187),
- gegenüber mächtigeren Partnern stark zu bleiben (S. 191),
- richtig auf Druck zu reagieren (S. 201) und
- auf frauenfeindliche Bemerkungen souverän zu kontern (S. 205).

Darum geht es in der Praxis

Die partnerschaftliche und lösungsorientierte Kommunikation, wie sie im vorhergehenden Kapitel Thema war, kann immer nur ein Angebot, nie aber ein Zwang sein. Ihr Gegenüber hat sozusagen die Freiheit, auf jede noch so faire Kommunikation mit unfairen Methoden zu reagieren. Wichtig ist, dass Sie auf solche harten Fälle gut vorbereitet sind.

In diesem Kapitel bekommen Sie Übungen an die Hand, um auf Blockaden, persönliche Angriffe, frauenfeindliche Sprüche oder den massiven Einsatz von Macht situationsgerecht zu kontern. Wenn Sie jemand zum Beispiel brüskiert, weil er sich partout nicht an Absprachen hält, machen Sie sich irgendwann lächerlich, wenn Sie versuchen, mit dieser Person immer wieder neue Absprachen zu treffen. Also müssen Sie anders reagieren! Dazu können Sie die Grundregel der Spieltheorie nutzen. Sie lautet: Schieße Vertrauen (Kooperation, Fairness …) vor. Wenn der andere dieses Vertrauen missbraucht (konkurriert, unfair kontert o. Ä.), dann verhalte dich immer so, wie dein Gegenüber es im vorhergehenden Schritt getan hat. Eine einfache Regel, die aber ziemlich oft zum Erfolg führt.

Also: Spielen Sie nett mit Ihrer Umwelt! Wenn Sie jemand gegen das Schienbein tritt, treten Sie zurück. Dann beobachten Sie, was der andere tut, und verhalten sich genauso.

Eskalation erkennen und vermeiden

Mein Konfliktthermometer — Übung 24
8 min

Ist Ihnen schon einmal aufgefallen, dass es in Konfliktsituationen eine Schwelle gibt, ab der sich sämtliche Strategien negativ auf die Beziehungsebene auswirken? Das können Sie sich vorstellen wie den Prozess des Fieberns: Dient eine leicht erhöhte Temperatur noch dazu, die Abwehrkräfte zu aktivieren, hat starkes Fieber auf Dauer fatale Folgen.

In dieser Übung sollen Sie Ihre persönlichen Grenzen erkunden. Dazu erstellen Sie Ihr „Konfliktthermometer". Sie brauchen hierfür ein besonders großes Blatt Papier und ein paar Buntstifte.

Vergegenwärtigen Sie sich Situationen, in denen Sie sich durchsetzen wollten und auf Widerstand gestoßen sind. Was ist passiert? Ist Ihr Fieber gestiegen? Ist die Situation eskaliert? Malen Sie nun ein Fieberthermometer auf, mit Strichen für 37 bis 41,5 Grad Celsius. Lassen Sie dazwischen genügend Abstand. Schreiben Sie neben jeden Strich konkrete Verhaltensweisen (siehe S. 132), die Sie in den jeweiligen Situationen entwickelt haben. Eine niedrige Temperatur steht für diplomatische Versuche, sich durchzusetzen, eine hohe Temperatur für entsprechend mehr Druck, Emotionalität usw. Ergänzen Sie Gedanken und Gefühle. Setzen Sie dazu auch die Farben ein.

Lösungstipp

Sie können sich von Fragen leiten lassen wie: Was sind meine klassischen Manöver? Wie lege ich nach, wenn meine anfängliche Strategie nicht aufgeht? Wie reagiere ich körperlich auf Konflikte (Herzklopfen, Magenschmerzen usw.)?

Lösung

Jedes Konfliktthermometer ist individuell. Hier ein Beispiel:

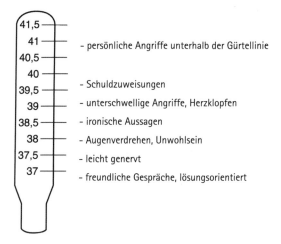

Praxistipp

Machen Sie sich in schwierigen Situationen bewusst, an welcher Stelle Ihres Thermometers Sie sich gerade befinden. Vermeiden Sie eine Eskalation, indem Sie aus Ihrem gewohnten Muster aussteigen.

Meine Notbremsen bei Eskalationen

Übung 25
5 min

Ähnlich wie Fieber, das zunächst hilfreich, ab einem bestimmten Punkt aber kritisch und ab 42 Grad sogar tödlich ist, gibt es Verhaltensmuster, die irgendwann destruktiv wirken.

Nehmen Sie noch einmal Ihr Thermometer aus der vorigen Übung zur Hand.

1 Überlegen Sie, welches der kritische Punkt auf Ihrem Thermometer ist: Ab wann leidet die Ziel- und Lösungsorientierung? Ab welchen Verhaltensweisen wird es später schwierig, dem anderen wieder in die Augen zu schauen? Wann hätten Sie Angst davor, in Zukunft auf die Kooperation Ihres Gegenübers angewiesen zu sein? Kennzeichnen Sie diese Stelle mit einem roten Balken.

2 Bei zu hohem Fieber legt man Wadenwickel an. Überlegen Sie sich Ihre individuellen Wadenwickel: Mit Hilfe welcher Methoden können Sie die aufgeheizte Stimmung herunterkühlen, um eine kooperative Lösung wieder wahrscheinlicher zu machen?

Lösung

Es gibt keine richtige oder falsche Lösung. Experimentieren Sie mit unterschiedlichen Techniken, um Eskalationen zu unterbrechen. Hier einige Vorschläge:

- Legen Sie im Gespräch eine Pause ein.
- Lehnen Sie sich entspannt zurück und beobachten Sie Ihren Atem, Herzschlag und andere körperliche Gefühle.
- Atmen Sie möglichst lange aus und achten Sie auf die Atempause, bevor Sie wieder Luft holen.
- Stellen Sie Ihrem Gegenüber eine Frage.
- Fassen Sie das bisher Gesagte zusammen: „Wenn ich Sie richtig verstanden habe ..."
- Sprechen Sie Ihre Gefühle an (siehe S. 157).
- Beschreiben Sie, was Ihrer Beobachtung nach gerade im Gespräch passiert (siehe auch S. 204).
- Vertagen Sie die Sitzung oder das Gespräch und holen Sie in der Zwischenzeit Rat ein.

> Wenn ich die Teilnehmer meiner Seminare typische Konfliktsituationen beschreiben lasse, stellen sich meistens sehr charakteristische Phasen heraus, deren Folgen, mit Abstand betrachtet, auch meistens vorhersehbar sind. Wir fahren also oft sehenden Auges gegen die Wand. Meist hilft es schon, wenn Sie sich dieser Muster überhaupt bewusst werden. Dazu können Sie zum Beispiel das Konfliktthermometer nutzen.

Souverän bei Machtspielen und Blockaden

Spielen Sie das Talkshow-Spiel!

Übung 26
5 min

Sie alle kennen die Situation: Gerade sind Sie dabei, einen wichtigen Gedankengang zu entwickeln, da quasselt Ihnen jemand dazwischen. Sie sind verblüfft, verdattert, hören zu – und schon ist die Energie und Aufmerksamkeit beim anderen. Das ist ärgerlich. Beobachten Sie einmal in einem der Politmagazine, wie Profis mit Unterbrechungen umgehen: Sie sprechen unbeirrt weiter und geben das Rederecht nicht ab. Das heißt, sie lassen sich einfach nicht unterbrechen. Dieses Verhalten können Sie üben.

Sie brauchen dazu einen Partner oder eine Partnerin und zwei Stühle. Überlegen Sie sich vorab ein Thema, das Ihnen wichtig ist und von dem Sie Ihrem Gegenüber berichten wollen. Vielleicht notieren Sie sich vorab einige Kernargumente oder Beispiele. Dann setzen Sie sich einander gegenüber und fangen an zu sprechen. Ihr/e Partner/in hat nun die Aufgabe, Sie möglichst oft und rücksichtslos zu unterbrechen, indem er/sie Killerphrasen einbringt, eigene Argumente einschiebt usw. Auch wenn Ihnen das seltsam, unhöflich und chaotisch erscheint: Sprechen Sie unbeirrt weiter! Danach können Sie die Rollen tauschen.

Lösung

Da es sich bei dieser Übung um ein Experiment handelt, gibt es keine Lösung im eigentlichen Sinn. Spannend sind die Gedanken, Gefühle und spontanen Reaktionen, die Sie während der Übung wahrnehmen.

Praxistipps

Grundsätzlich ist diese Gesprächsstrategie für konstruktive Gespräche nicht empfehlenswert, geht es dabei doch weniger um Ergebnisse als um die Demonstration von Macht. Da Sie aber immer wieder auf Menschen stoßen werden, die so agieren, ist es ratsam, auch für diese Situationen gewappnet zu sein. Wenn also einer Ihrer Gesprächspartner Ihre Freundlichkeit und Aufmerksamkeit als Einladung betrachtet, Ihnen das Rederecht streitig zu machen oder Sie regelrecht niederredet, dann müssen Sie sich das nicht gefallen lassen. Sonst dürfte der Eindruck entstehen, dass man mit Ihnen machen kann, was man will. Das ist weder für Sie und Ihr Selbstwertgefühl noch für den Gesprächsverlauf oder das Ergebnis sinnvoll.

> Gehen Sie grundsätzlich mit einer kooperativen Haltung in Gespräche. Bringen Sie dem anderen Akzeptanz und Achtung entgegen. Wenn einzelne Gesprächspartner auf diesen kooperativen Stil wiederholt mit unfairen Strategien reagieren, zeigen Sie, dass Sie auch anders können. So dürfen Sie zum Beispiel die Strategie „Tit for Tat" anwenden: So, wie der andere agiert, reagieren Sie auch – bis er von selbst aus dem unfairen Modus aussteigt.

Lassen Sie sich nicht an der Nase herumführen!

Übung 27
⏱ **5 min**

Diese Übung trainiert Ihr Durchsetzungsvermögen in schwacher Position. Wenn Sie schon einmal ein Projekt geleitet haben, kennen Sie die folgende Konstellation womöglich.

Stellen Sie sich vor, Sie haben als Außendienstmitarbeiter einem Kunden gegenüber bestimmte Zusagen gemacht. Um diese einzuhalten, sind Sie auf Informationen und die Kooperation interner Projektpartner angewiesen, denen gegenüber Sie aber keine Weisungsbefugnis oder disziplinarischen Möglichkeiten haben. Nun hat sich ein interner Ansprechpartner, Herr Weber, nicht an bestimmte firmeninterne Vorgaben gehalten. Er weigert sich, Ihnen die notwendigen Informationen zu geben oder nachzubessern. Sie jedoch müssen dafür sorgen, dass Sie die notwendigen Ergebnisse erhalten. Was tun Sie?

Schreiben Sie auf, welche Maßnahme(n) Sie ergreifen.

Lösungshinweis

Diese Konstellation fordert Ihr besonderes Geschick, da Sie keine formelle Macht haben. Sofort Druck aufzubauen, ist nicht ratsam, weil Sie sonst Gegendruck erzeugen. Überlegen Sie sich daher einen Stufenplan von Maßnahmen. Reagiert Ihr Gegenüber auf die sanften Methoden nicht, scheuen Sie auch schärfere Mittel nicht. Es geht um Ihre Glaubwürdigkeit!

Lösung

So könnte ein Stufenplan zum Beispiel aussehen:

- Haken Sie nach, woran es liegt, dass Sie die erforderlichen Daten nicht bekommen.
- Fragen Sie Herrn Weber, welche Unterstützung er braucht, um Ihren Anforderungen nachkommen zu können.
- Machen Sie ihm konkrete Vorschläge, wie Sie gemeinsam zum Ziel kommen können.
- Bitten Sie ihn um Zwischenberichte. So üben Sie Kontrolle aus und können überblicken, wie das Projekt vorankommt.
- Setzen Sie Herrn Weber konkrete Termine, zu denen Sie Ergebnisse brauchen. Hält er sie nicht ein, mahnen Sie ihn möglichst am nächsten Tag an. Informieren Sie ihn gegebenenfalls auch über Ihre nächsten Schritte, sollte bis dahin kein Ergebnis vorliegen.
- Hat auch das nicht gefruchtet, eskalieren Sie an den Vorgesetzten von Herrn Weber (siehe auch S. 240) und bitten Sie diesen um regelmäßige Berichte über den Fortgang der Dinge. Signalisieren Sie ihm, dass Sie die Verantwortung für die Einhaltung der Termine an ihn delegieren!

> Gerade in organisatorisch schwierigen Projekten ist es wichtig, dass Sie mit viel Energie, Klarheit und Konsequenz vorgehen. Sonst werden Ihre Belange schnell nach unten priorisiert.

Diplomatisch mit Hierarchien umgehen

Lassen Sie die Verantwortung da, wo sie hingehört!

Übung 28
🕒 3 min

Es ist grundsätzlich gut, Verantwortung zu übernehmen. Manche von uns machen sich das Leben aber schwer, indem sie sie an einer Stelle übernehmen, an der sie es nicht müssen. In solchen Situationen ist es enorm entlastend, die Verantwortung klar zurückzudelegieren.

Stellen Sie sich folgende Situation vor: Ihr direkter Vorgesetzter, Herr Müller, fragt Sie nach Ihrer Meinung. Er möchte in einem Projekt, in dem Sie mitarbeiten, die Entscheidung A fällen. Dahinter können Sie inhaltlich stehen. Sie wissen aber, dass der Projektleiter, Herr Graf, fachlich anderer Meinung ist – er favorisiert die Lösung B. Sie fürchten negative Konsequenzen, wenn Sie die Entscheidung A propagieren. Was sagen Sie Ihrem Vorgesetzten, um die Verantwortung für die endgültige Entscheidung bewusst zurückzugeben? Formulieren Sie Ihre Lösung als kleine Rede an Herrn Müller.

Lösungstipp

Gehen Sie diplomatisch vor, aber bleiben Sie klar. Ehrlich ist es, wenn Sie Ihren inneren Konflikt mitkommunizieren. Ihre Meinung können Sie zwar selbstbewusst vertreten; aber die Konsequenzen einer Entscheidung, die nicht in Ihrer Verantwortung liegt, müssen Sie nicht tragen.

Lösung

Ihre Argumentation könnte zum Beispiel so klingen:

„Herr Müller, rein fachlich bin ich der Meinung, dass die Lösung A die beste ist. Ich weiß aber, dass Herr Graf das aus bestimmten Gründen nicht möchte. Ich fürchte deswegen, dass es für mich negative Konsequenzen haben kann, wenn ich diese Meinung offen vertrete. Falls Sie sich für die Variante A entscheiden, halte ich es für wichtig, wenn Sie selbst den Projektleiter in Ihre Entscheidung integrieren und ihn von der Richtigkeit der Lösung überzeugen."

Praxistipps

Übernehmen Sie die Verantwortung nur dort, wo Sie auch die Kompetenz haben, die notwendigen Entscheidungen zu fällen, zu vertreten und deren Konsequenzen zu tragen. Wenn Sie für Dinge gerade stehen, auf die Sie keinen Einfluss haben, belasten Sie sich nur unnötig!

Um sich über seine Verantwortlichkeiten einmal Klarheit zu verschaffen, unterscheidet man drei Einflussbereiche:

- Sie haben direkten Einfluss (d.h. Sie können machen und entscheiden, also die Verantwortung auch übernehmen).
- Sie haben nur einen indirekten Einfluss (d.h. Sie können höchstens die Meinung der anderen beeinflussen).
- Sie haben gar keinen Einfluss („Chefsachen" usw. – Sie können nichts tun.)

Den Chef überzeugen

Übung 29
⏱ 5 min

Wenn Sie sich in einer Hierarchie nach oben durchsetzen möchten, brauchen Sie besonderes Fingerspitzengefühl.

Wie würden Sie in folgenden Situationen vorgehen?

1 Mit dem Kunden Wolf, mit dem die Firma einen Umsatz von 500.000 Euro macht, ist einiges schief gelaufen. Sie haben ihm daher versprochen, Sie würden sich dafür einsetzen, dass er bei einer Lieferung bevorzugt behandelt wird. Setzen Sie das bei Ihrer Chefin Frau Hollunder durch, die in der Regel Extrabehandlungen ablehnt.

2 Im Projekt „Falke" gibt es Unregelmäßigkeiten. Sie wollen deswegen eine außerplanmäßige Projektbesprechung von 1,5 Stunden mit den Herren Müller und Meier einberufen. Wie holen Sie die Erlaubnis ihres Vorgesetzten, Herrn Bauer, ein?

3 Sie wollen im August unbedingt zwei Wochen mit Ihren schulpflichtigen Kindern Urlaub machen. Offiziell besteht zu dieser Zeit jedoch Urlaubssperre. Machen Sie Ihrem Chef, Herrn Bär, ein Angebot.

Lösungstipps

Berücksichtigen Sie die speziellen Bedürfnisse einer Führungskraft. Die wenigsten haben zum Beispiel viel Zeit. Argumentieren Sie möglichst prägnant. Verweisen Sie auf positive Effekte, die im Interesse des Unternehmens liegen, wie Zeitersparnis, Kundenbindung oder Kostenreduzierung.

Lösung

1 Frau Hollunder, Sie erinnern sich bestimmt daran, dass mit dem Kunden Wolf in den letzten Wochen einiges schief gelaufen ist. Er ist jetzt ziemlich sauer. Weil er mit einem Gesamtjahresumsatz von 500.000 Euro für uns sehr wichtig ist, würde ich das Projekt gerne höher priorisieren, um ihn langfristig an uns zu binden. Sind Sie damit einverstanden?

2 Hallo Herr Bauer, in dem Projekt Falke gibt es gerade einige Unregelmäßigkeiten. Ich würde deswegen gerne eine außerplanmäßige Projektbesprechung einberufen, bei der ich Ihre Mitarbeiter Maier und Müller für jeweils 1,5 Stunden brauche. Ist das in Ordnung?

3 Guten Morgen Herr Bär, haben Sie zwei Minuten Zeit für mich? Wir haben im August ja Urlaubssperre. Wie Sie wissen, sind meine Kinder beide schon in der Schule und es ist mir sehr wichtig, mit ihnen zwei Wochen Urlaub am Stück zu machen. Ich bitte Sie deswegen, mir den Urlaub trotzdem zu gewähren. Ich biete Ihnen dafür an, davor und danach jeweils 10 Überstunden pro Woche zu machen und im Urlaub für dringende Fragen erreichbar zu sein. Ist das für Sie eine gute Lösung?

Praxistipp

Überfahren Sie Ihren Chef nicht, sondern erkundigen Sie sich erst, ob er gerade Zeit für Sie hat. Erweisen Sie ihm Respekt und erwecken Sie nie den Eindruck, seine Entscheidungsmacht anzugreifen.

Problematisieren und zur Entscheidung auffordern

Übung 30
🕐 **3 min**

Stellen Sie sich folgenden Fall vor: Sie sind Leiter/Leiterin der Software-Abteilung Ihrer Firma. Seit der Einführung des neuen Programms „Falke" treten vermehrt Fehler auf, die die Firma viel Zeit und Geld kosten. Die Mitarbeiter sind unzufrieden und verunsichert, obwohl sie bereits von Anbieter A geschult wurden. Sie halten nun eine erneute Schulung für wichtig und haben vorab schon ein wenig recherchiert. Es kommen in Frage: eine (Nach-)Schulung beim Anbieter A, eine teurere bei einem anderen Anbieter, und zwar entweder Inhouse, in einem offenen Seminar oder als Training-on-the-Job. Formulieren Sie eine Rede, die Ihren Chef, Herrn Kraft, dazu bringen soll, eine weitere Schulung zu genehmigen.

Lösungstipps

- Führungskräfte wollen einerseits in ihrer Funktion gewürdigt werden, sich andererseits aber selten in Problemdetails einarbeiten. Deswegen sind sie in der Regel dankbar, wenn sie auf Probleme aufmerksam gemacht werden und gleich Lösungsmöglichkeiten angeboten bekommen. Die Entscheidung beim Chef zu belassen, ist wiederum eine empfehlenswerte, da diplomatische Vorgehensweise.
- Arbeiten Sie z. B. mit der Problematisierungsformel: 1. Sie erläutern das Problem aus Ihrer Sicht. 2. Sie zeigen Alternativen auf, die Sie 3. bewerten. Im 4. Schritt fordern Sie Ihren Chef zur Entscheidung auf und bringen eventuell schon einen persönlichen Vorschlag ein.

Lösung

Hallo Herr Kraft, haben Sie einen Moment Zeit für mich? (Ja abwarten oder Termin absprechen.) Wie Sie wissen, haben wir vor drei Monaten die neue Software „Falke" eingeführt. Es gab dazu im Vorfeld eine dreitägige Schulung und wir waren davon ausgegangen, dass alle Mitarbeiter damit ausreichend kompetent sind, um gut mit dem Programm zu arbeiten. Jetzt zeigt es sich aber, dass es in der täglichen Anwendung erhebliche Probleme gibt, die viel Zeit kosten und Ärger verursachen. Das kostet uns letztendlich richtig Geld.

Ich halte deswegen eine Nachschulung für dringend notwendig. Wir haben die Möglichkeiten, entweder den bisherigen Anbieter A zur Nachbesserung aufzufordern bzw. ihn um ein neues Angebot zu bitten, oder wir weichen auf einen anderen Anbieter aus. Infrage kommen entweder eine Inhouse-Schulung oder ein Seminar.

A zur Nachbesserung aufzufordern, wäre die billigste, aber wahrscheinlich am wenigsten Erfolg versprechende Variante. Ich halte es deswegen für sinnvoller, uns nach einem anderen Anbieter umzuschauen. Dabei wäre wiederum ein Inhouse-Seminar nur für unsere Mitarbeiter die günstigste Alternative. Oder wir entscheiden uns für ein „Training-on-the-Job", was den Vorteil hat, dass wir keinen Arbeitszeitausfall auffangen müssten. Ich bitte Sie zu entscheiden, was Ihrer Meinung nach am besten ist!

Unfaire Angriffe souverän parieren

Persönliche Angriffe auf die Sachebene umlenken
Übung 31
⏱ 3 min

Nach einer beleidigenden Äußerung bleiben wir oft sprachlos zurück, kontern aggressiv oder werden selbst persönlich. All dies bringt uns nicht weiter, wenn wir mit dem anderen ein lösungsorientiertes Gespräch führen müssen. Als Alternative schlage ich eine Variante des aktiven Zuhörens vor: Sie greifen den sachlichen Aspekt der Äußerung auf und thematisieren ihn. Werden Sie zum Beispiel nach einem Vorschlag angegriffen mit: „Sie haben doch von nichts eine Ahnung", reagieren Sie mit: „Aha, Sie sind also mit meinem Vorschlag nicht einverstanden."

Lenken Sie folgende Angriffe auf ähnliche Weise um:

1 Sie präsentieren eine Idee und erhalten als Reaktion: „Von Ihnen habe nichts anderes erwartet als so einen Quatsch."
2 Nach einem Vorschlag sagt ein Kollege: „Aus Ihrer Abteilung ist ja noch nie etwas Gescheites gekommen."
3 Nach einer Projektpräsentation hören Sie: „Sie sind doch noch nicht mal trocken hinter den Ohren."
4 Sie verweisen in einer Besprechung auf immer wiederkehrende Netzwerkprobleme. Der Administrator: „Frauen und Technik – das geht halt einfach nicht." / „Als Technikidiot haben Sie es ganz schön weit gebracht."

Lösung

Hier einige Vorschläge, sicher haben Sie andere gute Lösungen gefunden:

1 „Aha, meine Idee überzeugt Sie also noch nicht?"
2 „Sie sind also mit meinem Lösungsvorschlag nicht einverstanden?"
3 „Aha, das klingt so, als oben Ihnen das Projekt noch nicht ganz ausgereift erscheint."
4 „Sie glauben also, es gibt gar keine Netzwerkprobleme, sondern nur unfähige Benutzer?"

Praxistipps

- In jedem persönlichen Angriff steckt auch eine Aussage über den Gegenstand (das Hauptthema) des Gesprächs. Thematisieren Sie, um was es gerade wirklich geht!
- Stellen Sie den sachlichen Aspekt des Angriffs – und nur den – durch aktives Zuhören in das Zentrum des Gesprächs. Dazu geben Sie das wieder, was als Sachbotschaft bei Ihnen angekommen ist.
- Versuchen Sie Pauschalangriffe auf einen konkreten Aspekt zu reduzieren (siehe Lösung 3). Dann muss auch Ihr Gegner konkreter werden.

Wenn gar nichts mehr hilft – seien Sie frech!

Übung 32
4 min

Wir hatten es ja schon einige Male angesprochen: Wenn Ihr gegenüber auf wiederholte Versuche, konstruktiv und fair miteinander umzugehen, nicht eingeht, tun Sie gut daran, auch mal frech zu kontern – Sie können sich schließlich nicht dauernd auf die Füße treten lassen.

Wichtig ist bei der folgenden Übung: Versuchen Sie nicht unbedingt den originellsten aller Sätze zu finden, ungeheuer spritzig zu sein oder perfekt zu reagieren. Seien Sie einfach spielerisch frech und sagen Sie, was Ihnen gerade einfällt. Vielleicht nehmen Sie dazu innerlich auch eine etwas provokative Haltung ein: Stellen Sie sich vor, Sie stützen die Arme in die Hüften, recken das Kinn leicht nach oben, schieben eine Schulter nach vorn und schauen Ihrem Gegenüber fest in die Augen. Dann geht's los:

1 Sitzen Sie eigentlich immer so da?
2 Jetzt kommen Sie doch endlich mal auf den Punkt!
3 Das interessiert doch keinen!
4 Mit so einem Müll möchte ich auch mal mein Geld verdienen.
5 Schicken Sie mir doch bitte mal jemanden, der eine Ahnung hat!
6 Ich kann mir nicht vorstellen, dass das stimmt.

Lösung

Sind Sie kreativ geworden? Hier einige Vorschläge:

1 Ja, solange ich mich noch aufrecht halten kann bei all diesen Tiefschlägen.
2 Nichts lieber als das – sobald Sie mich ausreden lassen.
3 Interesse bedeutet „dabei sein", und bei der Sache sind Sie wohl eher nicht.
4 Neid ist ein schlechter Ratgeber. (Oder: Neid muss man sich hart erarbeiten.)
5 Auf Ahnungen sind wir hier nicht spezialisiert, da sollten Sie lieber einen Blick in die Glaskugel werfen.
6 Manchmal wirkt ein Blick Wunder, wenn das Vorstellungsvermögen versagt.

> Von Winston Churchill, der als besonders schlagfertig galt, wird folgende Geschichte überliefert: Eine erboste Zuhörerin rief dem Politiker bei einem Vortrag zu: „Wenn Sie mein Mann wären! Ihnen würde ich Gift in den Kaffee tun." Worauf dieser geantwortet hat: „Wissen Sie was: Wenn Sie meine Frau wären ... ich würde ihn trinken."

Leiten Sie Druck um!

Die Judotechnik   Übung 33
🕐 5 min

Erinnern Sie sich an das körpersprachliche Experiment aus Übung 4? Setzen Sie Ihre Erkenntnisse verbal um und trainieren Sie die „Judotechnik". Dazu reagieren Sie auf einen unfairen Angriff mit folgendem argumentativen Dreierschritt:

1 Sie nehmen den sachlichen Aspekt des Angriffs auf und verbalisieren ihn: „Einerseits ..."
2 Sie setzen dem ein eigenes Argument entgegen: „Andererseits ..."
3 Dann machen Sie einen (Gegen-)Vorschlag: „Daher ..."

Wenden Sie diese Technik nun an:

1 „Wenn Sie meinen Vorschlag nicht befolgen, kann das für Sie sehr negative Konsequenzen haben!" Sie wollen aber Ihren Vorschlag zu Gehör bringen und durchsetzen.
2 „Die anderen haben auch schon unterschrieben, also stellen Sie sich nicht so an!" Sie finden aber die Eingabe ungerechtfertigt und wollen daher nicht unterschreiben.
3 „Wenn Sie es nicht machen – es gibt genügend Leute, die sich nach Ihrem Arbeitsplatz die Finger lecken!" Sie finden aber, die Aufgabe, die man Ihnen hier aufbürden will, gehört nicht in Ihren Kompetenzbereich.

Lösung

Auch bei dieser Übung gibt es wieder viele individuelle Lösungen, zum Beispiel:

1 „Einerseits kann ich nachvollziehen, dass Sie Ihre Idee durchsetzen wollen. Andererseits gibt es für meinen Vorschlag aber gute Gründe, die Sie erst einmal anhören sollten. Danach können wir nach objektiven Kriterien entscheiden, welcher Vorschlag praktikabler ist."

2 „Einerseits leuchtet es mir ein, dass Sie gerne eine einstimmige Eingabe vorlegen würden, andererseits bin ich in dieser Angelegenheit grundsätzlich anderer Meinung. Deswegen bitte ich Sie zu respektieren, dass ich nicht unterschreiben werde."

3 „Einerseits weiß ich, wie dringend diese Aufgabe erledigt werden muss, andererseits fällt sie nicht in meinen Aufgabenbereich. Deswegen bitte ich Sie, sich jemand Geeigneteren für die Erledigung zu suchen."

> Druck stellt eine Gefahr dar. Und so reagieren wir instinktiv häufig mit Angriff, Flucht oder „Totstellen". All diese archaischen Muster sind im beruflichen Alltag wenig hilfreich. Es gilt also, diesen Instinkt auszutricksen. Vielleicht hilft Ihnen die Vorstellung einer durchlässigen Zielscheibe – lassen Sie die Bemerkung einfach durch sich durchgehen. Oder Sie zählen langsam bis drei, bevor Sie reagieren.

Klären Sie auf der Meta-Ebene!

Übung 34
⏱ **3 min**

Statt inhaltlich zu reagieren, wenn Sie jemand unter Druck setzt, können Sie auch auf die Meta-Ebene des Gesprächs ausweichen. Dabei schauen Sie quasi von oben auf das, was gerade passiert. Ein Beispiel: Ihr Chef will, dass Sie noch mehr arbeiten. Sie bleiben hartnäckig, doch er legt nach: „Läge Ihnen unsere Firma wirklich am Herzen, würden Sie ohne zu murren Überstunden machen." Sie durchschauen den Trick: „Das klingt so, als ob Sie meine Loyalität der Firma gegenüber von dieser einen Situation abhängig machen. Ich bitte Sie, das von diesem Sachverhalt zu trennen."

Finden Sie in folgenden Situationen Entgegnungen auf der Meta-Ebene. Beginnen Sie zum Beispiel mit: „Auf mich wirkt das, als ob ..." / „Ich fühle mich ..." / „Das klingt so, als ob ..." / „Von außen betrachtet könnte man meinen ..."

1 Ein Freund erwartet eine Stellungnahme von Ihnen und fordert: „Von einem Freund erwarte ich, dass er mir auch in schwierigen Situationen den Rücken stärkt." Sie möchten aber in dieser Sache neutral bleiben.

2 Ein Kollege droht: „Im Hinblick auf Ihre Karriere rate ich Ihnen dringend, sich in dieser Angelegenheit zu engagieren." Sie aber wollen bei Ihrer Meinung bleiben und hier nicht mitmischen.

3 Eine Kollegin will den Druck, unter dem sie steht, an Sie weitergeben: „Sie können sich doch jetzt nicht aus dem Staub machen, wie soll ich das ohne Sie je schaffen?"

Lösung

Hier einige Vorschläge:

1 Für mich klingt das wie ein Erpressungsversuch. Gerade weil mir unsere Freundschaft wichtig ist, möchte ich neutral bleiben.
2 Ich fühle mich von Ihnen ganz schön unter Druck gesetzt. Ich bitte Sie, mir konkret zu sagen, welche Auswirkungen es haben kann, wenn ich in diesem Fall bei meiner Meinung bleibe.
3 Das wirkt auf mich, als sollte ich mich für Sie verantwortlich fühlen. Ich sehe mich aber an dieser Stelle nicht in der Pflicht, für Sie in die Bresche zu springen.

Praxistipp

Sie können folgende Meta-Ebenen thematisieren:

- **Ich-Ebene:** Sie sprechen hier vor allem an, welche Gefühle Sie haben (Aufgabe 2).
- **Prozess-Ebene:** Sie thematisieren, was gerade im Gespräch passiert (z. B. Erpressung, Aufgabe 1).
- **Wir- oder Kontaktebene:** Sie thematisieren, was die Äußerung über Ihre gemeinsame Beziehung aussagt (Aufgabe 3).

Sich als Frau durchsetzen

Frauenfeindliche Angriffe entwaffnen

Übung 35
4 min

Auch wenn Frauen laut Grundgesetz schon lange gleichberechtigt sind – Frauen, die sich durchsetzen, stoßen oft auf negative Klischees. Mit Aussagen wie „Mannsweib" oder „die hat Haare auf den Zähnen", selbst mit massiven persönlichen Angriffen müssen gerade erfolgreiche Frauen sich immer wieder auseinander setzen. Sie haben dabei grundsätzlich zwei Möglichkeiten zu reagieren: mit Charme und Souveränität oder mit einem Gegenangriff.

Versuchen Sie es bei folgenden Sprüchen mit Charme:

1 Junge Frau, Sie wirken etwas desorientiert.
2 Frauen und Technik ...
3 Lassen Sie da mal einen Mann ran!
4 Wenn Sie dazu mal die Meinung eines erfahrenen Mannes brauchen ...
5 Typisch Karrierefrau!
6 Sie sind hier nicht beim Kaffeekränzchen, sondern in der Vorstandssitzung!

Lösungstipp

Suchen Sie nach einer schlagfertigen Antwort, die immer noch so freundlich klingt, dass der andere sein Gesicht wahren kann.

Lösung

1 (Mit einem entwaffnenden Lächeln) Das muss an Ihnen liegen!
2 Ja, für viele Männer noch immer ein Buch mit sieben Siegeln.
3 Mit Vergnügen, wenn es dann schneller geht.
4 ... dann frage ich meinen Großvater, der hat wirklich sehr viel Erfahrung.
5 Zum Glück ist Karriere heute auch ein Frauenthema – Sie freuen sich bestimmt auch darüber!?
6 Gut, dass Sie das so offen ansprechen, ich war schon drauf und dran, Kuchen zu holen.

Praxistipp

Reagieren Sie auf frauenfeindliche Sprüche sprachlos, verwirrt oder emotional, werden Sie wahrscheinlich immer wieder zur Zielscheibe unfairer Attacken. Denn genau das will der Angreifer ja erreichen. Wenn Sie hingegen mit Charme kontern, laufen die Angriffe ins Leere – und Ihrem Gegenüber wird die Lust an frauenfeindlichen Äußerungen vergehen.

Kontern Sie schlagfertig! Übung 36
⏱ 4 min

Vielleicht ist Ihnen nicht immer danach, charmant zu sein. Oder Sie finden Ihr Gegenüber so unangenehm, dass Sie Freundlichkeit unangemessen finden. Dann sorgt ein gezielter Konter für den nötigen Respekt.

Denken Sie sich für folgende Situationen schlagkräftige Konter aus:

1 Dass Frauen immer zuerst sprechen und dann denken – umgekehrt wäre auch nicht blöd.
2 Sie sind vermutlich eine dieser Quotenfrauen!
3 Tja, Haushalt, Mann, Kind und Job überfordern Sie halt vielleicht doch ein wenig.
4 Jetzt zicken Sie hier doch nicht so rum – dass Frauen immer so emotional reagieren müssen.
5 Vielleicht sollten Sie sich doch aufs Shoppen konzentrieren, das können Sie sicher besser.
6 Nehmen Sie's doch mal ein bisschen locker!

Lösungstipp

Experimentieren Sie mit verschiedenen Schlagfertigkeitstechniken oder rhetorischen Stilmitteln, zum Beispiel mit Ironie, einer spontanen Zustimmung, einer Übertreibung, mit einem Gegenangriff oder einer Gegenfrage. Alles, was Ihnen ein wenig Luft verschafft, ist erlaubt!

Lösung

Hier Vorschläge mit verschiedenen Techniken:

1 **Übertreibung:** Wenn das stimmt, was Sie sagen, dann hat der liebe Gott uns mit einer Gabe ausgestattet, mit der sprechen ohne zu denken möglich ist. Die Wissenschaft wird auf Ihre Theorie neugierig sein.

2 **Konzentration auf einen sachlichen Aspekt:** Sie können froh sein, dass die Quote nicht noch höher ist, dann hätten Sie hier nicht mehr viel zu lachen.

3 **Gegenangriff:** Sie sollten nicht von sich auf andere schließen. Mich inspirieren die unterschiedlichen Herausforderungen.

4 **Bild aufgreifen und überlagern (Bumerang):** Das männliche Pendant von Zicken sind Böcke – derer schießen Sie hier einen nach dem anderen ab.

5 **Spontane Zustimmung plus Übertreibung:** Stimmt, im Shoppen bin ich wirklich Meisterin und damit fast so gut wie in meinem Job.

6 **Lächerlich machen:** Wenn ich Sie sehe, könnte ich mich wirklich entspannen – Ihre Angriffe sind tatsächlich eher lächerlich als sonst was.

> Wenn Sie überrumpelt werden, hilft es Ihnen, wenn Sie zwei bis drei Standardkonter auf Lager haben, z. B. „Sie sollten nicht von sich auf andere schließen." „Bei Nacht sind alle Katzen grau." „Wer im Glashaus sitzt, sollte nicht mit Steinen werfen."

Beziehung oder Status? Übung 37
🕐 5 min

Männer und Frauen setzen sich auf zwei grundsätzlich verschiedene Arten durch. Männern ist es stets wichtig, ihren Status, also ihre Macht, ihre Bedeutung und ihren Einfluss geltend zu machen. So treffen sie gerne Entscheidungen ohne vorherige Absprache, was mit ihrem Bedürfnis nach Autonomie und Selbstbestimmung (hoher Status) zu tun hat. Frauen setzen hingegen stärker auf Beziehung, Harmonie und Verständnis. Sie werden deswegen Entscheidungen, die auch andere Personen betreffen, eher vorher besprechen und abstimmen. Weder die eine noch die andere Art ist richtig oder falsch – es sind lediglich zwei unterschiedliche Wege, zum Ziel zu kommen.

Überlegen Sie sich für folgende Situationen jeweils eine status- und eine beziehungsorientierte Durchsetzungsstrategie:

1 Sie sind der Meinung, dass Sie dringend einen neuen Kühlschrank brauchen. Der alte setzt sehr schnell Eis an und vergeudet Energie.

2 Ein Handwerker, der seine Werkstatt bei Ihnen um die Ecke hat, war eine viertel Stunde bei Ihnen im Haus und stellt zusätzlich eine halbe Stunde Anfahrt in Rechnung.

3 Der Wein im Restaurant schmeckt korkig. Sie möchten einen anderen.

4 Ein neuer Kollege wird eingestellt. Ihr Chef möchte Kandidat Frisch, Sie hätten lieber die Kandidatin Fröhlich.

Lösung

Die Status-Variante ist mit „S", die Beziehungsvariante mit „B" gekennzeichnet.

1 **S:** Sie kaufen den neuen Kühlschrank.
   B: Sie besprechen mit Ihrem Partner und der Familie, ob alle diese Investition sinnvoll finden.

2 **S:** Sie beschweren sich und verlangen, dass die Kosten für den Anfahrtsweg gestrichen werden.
   B: Sie rufen an, fragen nach, wie es zu der Rechnung kommen konnte und welche Möglichkeiten es gibt, Ihnen entgegenzukommen.

3 **S:** Sie rufen den Kellner, stellen fest, dass der Wein nach Kork schmeckt und verlangen einen neuen.
   B: Sie warten, bis der Kellner an den Tisch kommt, drücken dann aus, dass Sie nicht ganz sicher sind, aber der Kellner seinerseits doch bitte einmal versuchen solle, ob es sein kann, dass der Wein nach Kork schmeckt.

4 **S:** Sie erklären Ihrem Chef, warum Frau Fröhlich für diese Arbeit sehr viel besser qualifiziert ist, und legen ihm nahe, sich für sie zu entscheiden.
   B: Sie äußern Verständnis für die Präferenz Ihres Chefs und erkennen die positiven Seiten von Frisch an. Allerdings, so argumentieren Sie, arbeiten Sie den ganzen Tag mit dem neuen Kollegen zusammen und finden Frau Fröhlich, die über die gleichen Qualifikationen verfügt, sympathischer. Sie bitten den Chef, seine Entscheidung noch einmal zu überdenken.

Ihr tägliches Trainingsprogramm

In diesem Kapitel üben Sie,

- sich auf schwierige Gespräche richtig vorzubereiten (S. 213),
- präsent aufzutreten (S. 231),
- Ihre Ziele zu formulieren und hartnäckig verfolgen (S. 237) und
- sich selbst besser zu vermarkten (S. 243).

Darum geht es in der Praxis

Zum Schluss trainieren Sie nützliche Verhaltensweisen, die Ihnen helfen, sich auf lange Sicht immer besser durchzusetzen. So ist es zum Beispiel einfach wichtig, Nein sagen zu können – und bei seinem Nein auch zu bleiben. Oder Klartext selbst dann zu sprechen, wenn Sie wissen, dass das bei den anderen nicht gut ankommt. Oder nicht sofort nachzugeben, nur weil Sie auf Widerstand oder Blockaden stoßen. Lernen Sie also, für Ihre Vorstellungen und Forderungen einzustehen und sie hartnäckig zu verfolgen. Wenn Sie gleichzeitig noch auf Feinheiten achten wie etwa Ihre körperliche Präsenz, werden Sie immer mehr Erfolg haben.

Viele der hier vorgestellten Übungen lassen sich ganz leicht in Ihren beruflichen oder privaten Alltag integrieren. Wichtig ist, dass Sie wirklich oft trainieren – bis Ihnen die entsprechende Verhaltensweise selbstverständlich erscheint. Erfolg ist nämlich auch eine Frage guter Angewohnheiten! Stellen sie sich also den Herausforderungen – den kleinen wie den großen. Wenn Sie sich dann durchgesetzt haben, werden Sie merken, wie Ihr Selbstvertrauen wächst. Je öfter Sie die Oberhand gewinnen, umso stärker werden Sie sich fühlen, umso mehr können Sie sich zutrauen – und umso näher kommen Sie Ihren Zielen und Visionen. Also: Gewöhnen Sie sich an Ihren Erfolg!

Bereiten Sie sich gut vor!

Werden Sie sich klar darüber, was Sie wollen!
Übung 38
⏱ 3 min

Ganz abgesehen davon, dass Sie nach außen nur klar kommunizieren können, wenn Sie auch innen klar sind, können Sie auch nur Erfolg haben, wenn Sie vorher definieren, was Sie wollen. Das üben Sie jetzt. Versetzen Sie sich in die folgenden Situationen und definieren Sie für jede einen kurzen, knackigen Zwecksatz. Mit ihm klären Sie ganz grundlegend Ihr Motiv für das Gespräch.

1 Sie halten eine Präsentation vor einem Kunden, in dem Sie viel Potenzial sehen. Es ist das erste Treffen mit ihm.
2 Sie stellen bei Ihrem Chef den Stand des aktuellen Projekts vor, für das Sie dringend einen zeitlichen Aufschub brauchen.
3 Sie treffen eine wichtige Persönlichkeit und haben die Chance, ihr Ihre aktuelle Kollektion vorzustellen.
4 Sie haben ein Auto angefahren, das vor einer Einfahrt stand. Sie machen den Fahrzeughalter ausfindig.

Lösungstipp

Der Zweck des Gesprächs kann zum Beispiel sein, Ihr Gegenüber zu informieren, zu überzeugen, zu motivieren, für sich zu gewinnen oder für Ihr Produkt zu begeistern. Oder Sie möchten das Vertrauen des anderen gewinnen. Oder ihn dazu bringen, Ihr Vorhaben zu unterstützen usw.

Lösung

1 Ich überzeuge den Kunden von unserer Kompetenz, mache ihn neugierig auf unsere individuellen Lösungen und gewinne sein persönliches Vertrauen.
2 Ich überzeuge meinen Chef von der Notwendigkeit, mir für das Projekt Aufschub zu gewähren.
3 Ich begeistere die Person für meine Kollektion und bleibe ihr als interessante/r Geschäftspartner/in im Gedächtnis.
4 Ich möchte, dass der Fahrzeughalter seine Teilschuld eingesteht, weil er an dieser Stelle nicht hätte parken dürfen.

Praxistipp

- Bedenken Sie bei Ihrer Zweckformulierung neben dem inhaltlichen Aspekt auch persönliche Interessen wie Vertrauen, Integrität, Ansehen, Respekt ...
- Eine Gesprächsvorbereitung muss nicht immer langwierig oder schriftlich sein. Es genügt manchmal schon, sich vorher eine Minute Zeit zu nehmen, um sich die Frage zu stellen: Wofür führe ich dieses Gespräch? Was ist sein Zweck? Der nächste Schritt, nämlich die Zielformulierung, wird in der folgenden Übung trainiert.

> Wie für die Schifffahrt gilt auch für Gespräche: Wer kein Ziel hat, für den ist jeder Hafen der richtige!

Ziele formulieren — Übung 39
⏱ 5 min

Ihren Zwecksatz (Übung 38) können Sie nun so konkretisieren, dass ein echtes Ziel daraus wird. Dazu beachten Sie am besten die Kriterien der „SMART-Formel":

S = spezifisch: Formulieren Sie Ihr Ziel konkret und eindeutig!
M = messbar: Woran können Sie erkennen, dass Sie Ihr Ziel tatsächlich erreicht haben?
A = attraktiv: Ihr Ziel sollte Sie motivieren, sich wirklich dafür zu engagieren. Wichtig ist, dass Sie positiv formulieren!
R = realistisch: Ihr Ziel sollte Sie durchaus herausfordern. Die Wahrscheinlichkeit, dass Sie es durch hohes Engagement wirklich erreichen, sollte möglichst groß sein. Außerdem ist es wichtig, dass die Realisierung in Ihrer Macht liegt.
T = terminiert: Nehmen Sie sich einen konkreten Zeitpunkt vor, zu dem Sie das Ziel erreicht haben möchten. Dann können Sie es auch kontrollieren.

Formulieren Sie nun für die Fälle aus Übung 38 „smarte" Ziele.

Lösungstipp

„Eines Tages werde ich reich und berühmt sein" ist mehr Wunsch als Ziel. „Bis zum Jahr 2020 werde ich mir ein Vermögen von 500.000 Euro erarbeitet haben, ein Haus besitzen und in Firma X eine Position in der ersten Führungsebene innehaben" ist zwar ein herausforderndes, aber auch ein echtes Ziel.

Lösung

1 Ich werde dem Kunden X bei der Präsentation am 31.05. die Vorteile unserer Firma überzeugend präsentieren. Ich werde seine Anliegen und Bedürfnisse erfragen und erreichen, dass ich ihm ein konkretes Angebot unterbreiten kann.

2 Ich werde von meinem Chef bei dem Gespräch am 16.08. bezüglich des Projekts Y einen Aufschub um 4 Wochen (bis zum ...) bekommen.

3 Ich präsentiere Frau Z meine Kollektion, begeistere sie dafür und bekomme von ihr fünf Adressen, die ich bis Jahresende kontaktieren werde.

4 Ich mache den Fahrzeughalter des Fahrzeuges mit der Nummer X-UN-1111 ausfindig, erkläre ihm den Sachverhalt und die Rechtslage, weise ihn auf seine Teilschuld hin und unterbreite ihm ein Schriftstück, auf dem er diese anerkennt.

Praxistipp

Je konkreter und motivierender Ihr Ziel ist, desto höher ist die Wahrscheinlichkeit, dass Sie sich dafür engagieren – und sich damit auch durchsetzen. Je farbenprächtiger und realistischer Sie sich die Erreichung Ihres Zieles ausmalen, desto höher wird auch die Wahrscheinlichkeit, Erfolg zu haben. Außerdem brauchen Sie Ziele, um Ihren Erfolg kontrollieren zu können, was wiederum die Motivation fördert. Sie sehen: Ohne Ziele in Gespräche zu gehen, stellt Ihren Erfolg von vornherein in Frage.

Entwickeln Sie Alternativen! Übung 40
🕐 5 min

Andere Menschen haben andere Bedürfnisse und Interessen. Daher gibt es in manchen Verhandlungssituationen manchmal einfach keine gute und befriedigende Lösung – nicht in dem Moment, an dem Ort, mit diesem Partner und unter diesen Rahmenbedingungen. Auf diese Möglichkeit sollten Sie sich im Vorfeld vorbereiten und eine oder mehrere gute Alternativen zu Ihrem Ziel entwickeln.

Welche Alternativen zum angestrebten Ziel fallen Ihnen in den folgenden Situationen ein? Lassen Sie Ihrer Phantasie freien Lauf und notieren Sie Ihre beste oder auch mehrere Alternativen.

1 Sie wollen bei Ihrem Chef eine Gehaltserhöhung durchsetzen.
2 Sie wollen im Autohaus mindestens 10 % Rabatt heraushandeln.
3 Sie wollen bei Ihrem Hausarzt möglichst schnell einen Termin.
4 Sie wollen ein Kleidungsstück, das Sie gekauft haben und das Ihnen nun doch nicht gefällt, zurückgeben (kein Rechtsanspruch).
5 Sie wollen einen Mitarbeiter bitten, seinen Urlaub zu verschieben.

Lösung

Es gibt hier viele individuelle Lösungen, zum Beispiel:

1 Sie haben ein konkretes, womöglich besseres Angebot bei einer anderen Firma. In vergleichenden Marktstudien haben Sie Ihren Marktwert getestet – und der sagt Ihnen, Sie sind sehr begehrt!

2 Sie kennen den Preis Ihres Traumautos als Re-Import. Oder Sie haben bereits mit anderen Händlern verhandelt. Eventuell kommt auch eine andere Marke in Frage.

3 Sie haben diverse Empfehlungen von Freunden für einen guten Hausarzt. Sie ziehen alternative Heilmethoden in Betracht.

4 Sie kennen einen guten Secondhandladen, in dem Sie erfahrungsgemäß ganz gute Preise erzielen. Sie haben eine Freundin, der das Stück gefallen und passen könnte.

5 Sie fordern Unterstützung aus der Nachbarabteilung an. Sie weichen auf einen Ferienjobber aus. Sie bitten um terminlichen Aufschub.

Praxistipp

Gute Alternativen stärken Ihre Position. Je besser Ihre beste Alternative ist, umso entspannter werden Sie sein – und umso eher können Sie darauf verzichten, Druck auf Ihren Gesprächspartner auszuüben. Sie können somit souveräner in die Verhandlung gehen, Ihre Forderungen klar stellen und womöglich auch besser argumentieren.

Sprechen Sie Klartext!

Kommunizieren Sie Ihre Entscheidungen klar!

Übung 41
3 min

Manchmal signalisieren wir Gesprächsbereitschaft, wo wir gar nicht mehr verhandlungsbereit sind. Sie trainieren nun in einer Szenarioübung, klare Grenzen zu setzen und den Verhandlungsspielraum von vornherein einzugrenzen.

Stellen Sie sich vor, in Ihrer Firma gibt es eine Art Innovationsprämie. Im Rahmen eines Vorschlagswesens werden alle Ideen der Mitarbeiter honoriert: solche, die umgesetzt werden, mit bis zu 200 Euro, solche, die abgelehnt werden, mit 50 bis 100 Euro. Einer Ihrer Mitarbeiter, der häufig schwache Vorschläge einreicht, möchte offenbar mal wieder in den Genuss der Prämie kommen: Er meint, Pappbecher, in denen Klebstoff angerührt wird, könne man wiederverwerten, indem man sie reinigt. Ein Becher kostet 4 Cent pro Stück, Sie brauchen ca. 50 pro Tag. Weil man zur Reinigung auch Lösungsmittel benötigt und die Arbeitszeit wesentlich teurer ist als der Becher, erscheint Ihnen die Idee höchst uneffektiv, ja sogar unsinnig.

Schreiben Sie Ihrem Mitarbeiter nun eine E-Mail. Darin informieren Sie ihn, dass sein Vorschlag abgelehnt wird. Er bekommt lediglich 50 Euro. Gleichzeitig möchten Sie ihn aber motivieren, in Zukunft möglichst gute Vorschläge einzureichen. Und schließlich möchten Sie weiteren Diskussionen mit ihm vorbeugen.

Lösung

Ihre Mitteilung könnte zum Beispiel so klingen:

„Lieber Herr Kreativ, vielen Dank für Ihren Verbesserungsvorschlag. Wir haben ihn geprüft und durchgerechnet. Dabei kam heraus, dass es keine Kosten spart, die Becher wiederzuverwerten, da Arbeitszeit und das Lösungsmittel insgesamt teurer sind als die Kosten für den Becher. Ich veranlasse deswegen, dass Ihnen die 50 Euro überwiesen werden und hoffe weiterhin auf gute, umsetzbare Vorschläge, die zur Optimierung unserer Arbeitsprozesse beitragen. Damit sichergestellt ist, dass unser Vorschlagswesen nicht überstrapaziert wird, möchte ich Sie bitten, Ihren Vorschlägen in Zukunft eine grobe Kostenkalkulation beizufügen. Wollen Sie schon im Vorfeld eine Einschätzung haben, ob Ihre Idee realistisch ist, sprechen Sie mich gerne an. Freundliche Grüße ..."

Praxistipps

- Will Ihr Gegenüber in so einem Fall diskutieren und Ihre Grenzen wieder aufweichen, lassen Sie sich nicht weiter auf Nebenbaustellen ein. Wiederholen Sie Ihre Entscheidung und das Ergebnis. Dabei können Sie in Ihren Formulierungen ruhig immer knapper werden.
- Werden Sie sich im Vorfeld eines Gesprächs klar darüber, ob Sie informieren, delegieren, diskutieren, verhandeln, den anderen motivieren oder überzeugen wollen. Richten Sie Ihre Gesprächsstrategie dann auf dieses Ziel aus.

Gehen Sie lösungsorientiert mit Einwänden um!

Übung 42
🕐 **4 min**

Bleiben wir noch ein wenig beim Fall aus Übung 41. Stellen Sie sich vor, der Mitarbeiter versucht nun mit unterschiedlichen Einwänden, aus Ihrer Information eine Verhandlung zu machen, um mehr Geld herauszuschlagen. Was erwidern Sie auf folgende Einwände? Bleiben Sie klar, ohne Ihr Gegenüber zu demotivieren!

1. Aber der Vorschlag ist doch gut, warum gibt's dafür keine 100 Euro?
2. Aber der Meister hat auch gesagt, dass der Vorschlag gut ist und ich ihn einreichen soll.
3. Der Kollege aus der Nachbarabteilung hat kürzlich für einen abgelehnten Vorschlag 100 Euro bekommen, warum der und ich nicht?
4. Immer werden meine Vorschläge abgelehnt! Die da oben machen sich ja nicht mal die Mühe zu prüfen, ob sie gut sind.
5. Aber das mit dem Umweltschutz ist doch wichtig. Immer schreien alle „Umweltschutz", und wenn man sich dann Gedanken macht, interessiert es keinen!

Lösungstipp

Achten Sie darauf, in Ihre Antwort keine Angebote für erneute Diskussionen einzubauen.

Lösung

1 Ich habe mich entschieden, Ihnen diesen Vorschlag mit 50 Euro zu honorieren. Bitte respektieren Sie das.
2 Wenn Sie das nächste Mal eine zusätzliche Meinung einholen wollen, ob es sich lohnt, den Vorschlag einzureichen, sprechen Sie mich an. Ich werde Ihnen dann meinen Standpunkt dazu erläutern und Sie entscheiden selbst, ob Sie den Vorschlag einreichen oder nicht.
3 Ich kenne die Zusammenhänge dort nicht und kann deswegen dazu nichts sagen.
4 Wir haben den Vorschlag geprüft und sind zu dem Ergebnis gekommen, dass wir keine Kosten sparen, wenn wir ihn umsetzen. Ziel unseres Vorschlagswesens ist es, Kosten zu sparen.
5 Umweltschutz ist uns ein sehr wichtiger Aspekt. Der Aufwand aber muss bei allem noch im Verhältnis zum Nutzen stehen. Das ist hier nicht der Fall.

Praxistipp

Vielleicht haben Sie bemerkt, dass die Versuchung groß ist, sich auf eine Diskussion einzulassen: „Ihre Idee ist doch keine 100 Euro wert", oder: „Der Meister hat doch keine Ahnung." Bei solchen Entgegnungen bieten Sie Ihrem Gegenüber nur Gelegenheit, erneut dagegenzuhalten. Abgesehen davon sollten Sie Äußerungen vermeiden, die den anderen oder unbeteiligte Dritte abwerten. Wiederholen Sie stattdessen lieber kurz und prägnant Ihre Entscheidung.

Respektvoll Nein sagen Übung 43
⏱ 4 min

Nein sagen ist wichtig, will man sich durchsetzen. Viele von uns kennen aber nur das knallharte, schroffe Nein, das sie natürlich scheuen. Sie können ein Nein jedoch auch sozial verträglich kommunizieren – indem Sie die Interessen und Bedürfnisse Ihres Gegenübers würdigen. So kommt Ihre Absage gepuffert an, ohne an Klarheit zu verlieren, und Sie vermeiden Folgekosten auf der Beziehungsebene.

Formulieren Sie in den folgenden Fällen in ein paar Sätzen Ihr Nein. Würdigen Sie dabei die Bedürfnisse des anderen:

1 Der Versicherungsmakler Herr Kaiser hat Ihnen ein Angebot für eine Lebensversicherung gemacht. Sie haben das Angebot studiert, verglichen und entschieden, es abzulehnen.

2 Ihre Chefin, Frau Müller, hat Sie gefragt, ob Sie bereit wären, Ihren Urlaub zu verschieben. Sie wollen das nicht.

3 Ein befreundetes Paar bittet Sie, einen Abend auf ihr Baby aufzupassen. Sie haben gerade sehr viel Arbeit und brauchen Ihre Abende zur Entspannung, zum Sport oder für sich selbst.

4 Herr Kück, einer Ihrer Mitarbeiter, beantragt einen Luxus-Schreibtischstuhl. Solche Modelle sind nur für Mitarbeiter mit attestierten Rückenschäden oder für Führungskräfte vorgesehen.

Lösung

1. Hallo Herr Kaiser, Sie hatten mir letzte Woche ein Angebot für eine Lebensversicherung geschickt. Ich habe das Angebot geprüft, verglichen und mit meinem Partner besprochen. Wir haben uns für einen anderen Weg entschieden. Ich danke Ihnen trotzdem recht herzlich für Ihre freundliche und kompetente Beratung.

2. Frau Müller, Sie hatten mich ja gefragt, ob ich meinen Urlaub verschieben könnte. Doch für meine Familie ist das sehr ungünstig. Insofern möchte ich meinen Urlaub gerne nehmen wie beantragt. Ich hoffe, das ist für Sie in Ordnung und nicht mit allzu viel Aufwand verbunden.

3. Ich kann verstehen, dass ihr auch gern mal wieder einen Abend für euch allein hättet. Grundsätzlich bin ich auch bereit, nur habe ich zurzeit so viel Arbeit, dass ich meine Abende wirklich zur Erholung brauche. Und wenn Babysitten auch immer sehr nett ist, ist es für mich doch eher anstrengend. Ich hoffe, ihr findet eine andere Lösung.

4. Herr Kück, Sie hatten den Schreibtischstuhl „Komfort" bestellt. Nach unseren internen Vereinbarungen kann ich Ihnen den nur genehmigen, wenn Sie ein Attest vom Arzt vorlegen. Wenn Sie das haben, unterschreibe ich Ihren Antrag gern. Ansonsten gibt es dafür keine Möglichkeit.

> Der Umgang mit Menschen, die nicht Nein sagen können, ist oft schwierig. Entweder werden sie ausgenutzt, oder man bekommt ein schlechtes Gefühl, weil jede Bitte einem Befehl gleichkommt.

Formulieren Sie Ihren Standpunkt!

Übung 44
⏱ **7 min**

Ob in Besprechungen, bei persönlichen Gesprächen oder während einer Präsentation – Sie sollten immer in der Lage sein, Ihre Meinung kurz und prägnant zu formulieren. Dazu können Sie folgendes Schema, die Standpunktformel nutzen:

- Standpunkt („Ich finde … / Meine Meinung dazu ist …")
- erstes Argument,
- zweites Argument,
- drittes Argument … (das Stärkste zum Schluss!),
- Folge/Aktion („Deswegen schlage ich vor / fordere ich Sie auf …")

Stellen Sie sich vor, Sie sollen zu folgenden Fragen Stellung beziehen. Formulieren Sie Ihren Standpunkt nach obigem Schema:

1 Soll in Ihrer Firma das Rauchen grundsätzlich verboten werden?
2 Soll die Firma Fahrgemeinschaften finanziell unterstützen?
3 Braucht Ihr Team eine zusätzliche Sekretärin?
4 Soll die Firma einen Kinderhort für die Kinder der Mitarbeiter einrichten?
5 Brauchen alle Mitarbeiter Zugang zum Internet?

Lösung

Hier gibt es keine richtigen oder falschen Lösungen – Hauptsache, Sie haben Ihren Standpunkt klar gemacht:

1 Ich bin dafür, das Rauchen in unserer Firma grundsätzlich zu verbieten, weil wir dadurch die Nichtraucher schützen, die Gesundheit aller Mitarbeiter fördern und zudem Zeit und Geld sparen. Deswegen stimme ich dafür.

2 Meiner Meinung nach sollte die Firma Fahrgemeinschaften finanziell unterstützen, weil sie damit einen Beitrag zum Umweltschutz leistet und sich teure Parkplätze spart. Ich schlage vor, pro gemeinsamer Fahrt 60 Cent statt der bisher üblichen 37 zu erstatten.

3 Ich finde, eine zusätzliche Sekretärin ist für unser Team unentbehrlich, weil unsere Assistenz wöchentlich über zehn Überstunden macht und durch die vielen Besprechungen oft telefonisch nicht erreichbar ist. Ich schlage deswegen vor, zusätzlich eine Teilzeitkraft einzustellen.

4 Wir brauchen unbedingt einen firmeneigenen Kinderhort, um unsere Mitarbeiter flexibler zu machen, sozial Zeichen zu setzen und die Chancengleichheit für Menschen mit Kindern zu erhöhen. Ich plädiere für die Einrichtung eines Hortes spätestens nächstes Jahr.

5 Es ist völlig unnötig, allen Mitarbeitern Zugang zum Internet zu ermöglichen, weil das Internet ein großer Zeitfresser ist, stark von der Arbeit ablenkt und die meisten Menschen zu Hause einen eigenen Anschluss haben. Deswegen bin ich dafür, den Antrag abzulehnen.

Bitten, erwarten, fordern — Übung 45
🕐 4 min

Für seine Rechte kann man sich mit unterschiedlichen „Härtegraden" einsetzen: Sie können um etwas bitten, ein bestimmtes Verhalten erwarten oder etwas verlangen bzw. rechtmäßig einfordern. Formulieren Sie in folgenden Situationen Ihren Wunsch möglichst angemessen:

1. Sie stehen an der Kasse einer Parfümerie. Drei Verkäuferinnen unterhalten sich. Keine macht Anstalten, an die Kasse zu kommen.
2. Ihre Vorgesetzte Frau König teilt Ihnen im Mitarbeitergespräch ohne konkrete Anhaltspunkte eine mittelmäßige Bewertung Ihrer Leistung mit. Sie bestehen auf Details.
3. Sie wissen, dass es in einem Projekt mit einem Zulieferer Probleme gibt. In einem Telefonat wollen Sie Herrn Rolle dazu veranlassen, Sie rechtzeitig zu informieren.
4. In einem Brief wollen Sie Ihren Vermieter dazu bringen, im Waschkeller ein Schloss einzubauen, damit Sie Ihr neues Mountainbike dort sicher verwahren können. Ihr Keller ist zu klein für das Fahrrad, Ihr altes wurde gestohlen.

Lösungstipp

Überlegen Sie: Wo liegen möglicherweise Ihre Rechte, wo Ihre Pflichten? Mit welcher Strategie kommen Sie wohl am weitesten? Gerade, wenn Sie kein Recht auf etwas haben, lohnt es sich manchmal, darum zu bitten.

Lösung

1 Sie können als Kunde mehr oder weniger strikt eine Bedienung verlangen, zunächst ist sicher eine freundliche Aufforderung am Platz: „Entschuldigen Sie, würde bitte eine von Ihnen zum Kassieren kommen?"

2 Sie können auch im Interesse Ihrer Vorgesetzten Details verlangen – aber möglichst diplomatisch: „Frau König, diese Beurteilung ist für mich ziemlich hart. Ich möchte wirklich daran arbeiten, im nächsten Jahr besser bewertet zu werden. Dafür brauche ich von Ihnen konkretere Hinweise, was ich optimieren kann."

3 Hier können Sie Kooperation erwarten: „Hallo Herr Rolle. Wie Sie sicher auch wissen, gab es einige Lieferprobleme. Um bei Verspätungen entsprechend reagieren zu können, erwarte ich von Ihnen, dass Sie mich demnächst rechtzeitig informieren. Können wir uns darauf einigen?"

4 Eine freundliche Bitte, unterfüttert mit einem guten Argument, ist ein erster guter Schritt: „Lieber Herr Reich, wie Sie wissen, ist mir voriges Jahr mein Fahrrad aus dem Keller geklaut worden. Damit mir das mit dem neuen nicht noch mal passiert, wäre ich Ihnen sehr dankbar, wenn Sie in dem Waschkeller ein Schloss anbringen könnten, da mein Keller zu klein ist für das Fahrrad.

> In der Praxis ist es oft angebracht, stufenweise vorzugehen. Wählen Sie also zuerst weichere Formulierungen, in dem Wissen, dass Sie, wenn Sie im Recht sind, den Druck auch steigern können.

Power Talking Übung 46
⏱ 5 min

Verkleinerungen, Relativierungen, negative Formulierungen oder unbestimmte Aussagen nehmen unseren Argumenten die nötige Schlagkraft. Doch ist uns dies selten bewusst. Mit etwas Training gewöhnen Sie sich eine wirkungsvollere Sprache an! Formulieren Sie die folgenden Sätze in kraftvolle, aussagekräftige und selbstsichere Aussagen um:

1. Vielleicht könnte man ja mal daran denken, einen verbindlichen Ablaufplan zu erstellen.
2. Könnte man dem Kunden nicht mal ein bisschen entgegenkommen?
3. Ich fände es ganz nett, wenn Sie alle zuhören würden.
4. Ich bin irgendwie noch nicht so ganz überzeugt.
5. Man müsste unbedingt mal die Lagerhalle putzen.
6. Ich würde vorschlagen, dass wir noch in dieser Sitzung abstimmen, wie es weitergehen könnte.
7. Vielleicht wäre es ja sinnvoll, wenn wir uns darauf einigen, was wir von unserem Chef wollen.
8. Es wäre wirklich toll, wenn das ein bisschen schneller gehen würde.
9. Wenn Sie sich der Sache vielleicht mal annehmen würden, da wäre ich Ihnen sehr dankbar.
10. Wir haben da so ein Treffen, nichts Besonderes. Vielleicht kommst du ja mal mit …

Lösung

1 Ich schlage vor einen verbindlichen Ablaufplan zu erstellen.
2 Ich finde es wichtig, dass wir dem Kunden an dieser Stelle entgegenkommen.
3 Ich bitte Sie, Herrn X genau zuzuhören. Wir brauchen diese Informationen dringend.
4 Ihr Vorschlag überzeugt mich in unterschiedlichen Punkten noch nicht, nämlich ...
5 Bis heute Abend ist die Lagerhalle gefegt und gewischt. Wer macht es?
6 Ich halte es für dringend notwendig, dass wir uns noch in dieser Sitzung einigen, wie wir weiter vorgehen.
7 Wir müssen geschlossen auftreten. Auf welche Forderungen können wir uns einigen?
8 Ich erwarte von Ihnen, dass Sie das bis ... erledigt haben.
9 Bitte nehmen Sie sich der Sache an. ... Vielen Dank.
10 Ich lade dich ein zu unserem Treffen am ... Kommst du?

Praxistipp

Ihre Sprache wirkt kraftvoller, wenn Sie Verkleinerungen, den Konjunktiv und Lückenfüller vermeiden. Also: Lassen Sie „kurz", „ein wenig", „etwas", „vielleicht" weg, ersetzen Sie den Konjunktiv durch den Indikativ („ich werde" statt „ich würde" usw.) und nutzen Sie Verstärkungen wie „besonders wichtig".

Mit persönlicher Präsenz überzeugen

Körpersprachlich Präsenz zeigen

Übung 47
5 min

Wenn man sich durchsetzen will, ist es wichtig, präsent zu sein – selbst, wenn Sie gerade nichts sagen. Präsenz bedeutet dabei mehr als nur körperlich anwesend zu sein. Bei guten Schauspielern spricht man von „Bühnenpräsenz" – sie müssen gar nicht viel sagen, trotzdem ist die Aufmerksamkeit aller bei ihnen.

Erinnern Sie sich an Situationen, in denen Personen nicht präsent waren – zum Beispiel an ein Gespräch, wo Ihr Gegenüber nicht bei Ihnen war, oder an ein unaufmerksames Publikum? An einen Redner, der nicht zu fesseln vermochte? Wie verhält sich jemand mit wenig Präsenz, und wie wirkt das auf Sie? Denken Sie dann an jemanden, den Sie für sehr präsent halten. Wie verhält sich diese Person?

Reflektieren Sie nun, wie es um Ihre Präsenz bestellt ist. Stellen Sie dazu eine Liste mit Verhaltensweisen oder Merkmalen zusammen, die Präsenz rein auf der nicht-sprachlichen Ebene ausdrücken. Unterstreichen Sie diejenigen Aspekte, an denen Sie nach eigener Einschätzung arbeiten können, um künftig noch mehr wahrgenommen zu werden. Denken Sie zum Beispiel an Aspekte wie Gesten, die Sitzposition (in Besprechungen), Blickkontakt usw.

Lösung

Möglichkeiten, nonverbal Präsenz zu signalisieren sind zum Beispiel:

- häufiger Blickkontakt mit seinem Gegenüber
- aktives Zuhören wie Nicken
- eine aufrechte Haltung, im Sitzen wie im Stehen
- Signale der ungeteilten Aufmerksamkeit (etwa bei Vorträgen nichts anderes nebenbei tun, Handy ausschalten, Laptop geschlossen lassen, Notizen machen usw.)
- Lächeln
- Hände auf dem Tisch oder sichtbar, Oberkörper dem Gegenüber zugewandt
- sich zeigen (gute Sitz- oder Standposition einnehmen, in Besprechungen z. B. am Kopfende, sich hinter nichts/ niemandem verstecken)
- In Vortragssituationen gilt: Halten Sie die Hände über der Gürtellinie – nur dort wird Gestik als unterstützend wahrgenommen. Unter der Gürtellinie wirkt Gestik eher als Fuchteln. Zeigen Sie auf wichtige Punkte und halten Sie beim Sprechen unbedingt Blickkontakt!

Verbale Präsenz – Diskussionsbeitrag I

Übung 48
6 min

Gewöhnen Sie sich an, in Gesprächsrunden Ihre Redebeiträge knapp und strukturiert vorzubringen. Zum Beispiel nach der Drei-Satz-Methode: Beschreibung der Lage/Situation, Formulierung Ihres Ziels, Vorschlag/Festlegen einer Maßnahme.

Üben Sie diese Struktur, indem Sie für folgende Situationen Ihre Argumente auf den Punkt bringen:

1 In einer Besprechung über mögliche Präventivmaßnahmen zur Gesundheitsvorsorge möchten Sie sich für die Einführung von Kursen zur Rückenschule einsetzen.

2 Besprechungen in Ihrem Team gehen in letzter Zeit drunter und drüber. Sie wollen gemeinsame Spielregeln einführen.

3 In letzter Zeit häufen sich die Klagen Ihrer Kunden, die Kollegen in Ihrem Team seien oft unhöflich. Sie wollen deswegen ein Teamcoaching vorschlagen.

4 In Ihrer WG/Familie fühlt sich niemand für das Spülen zuständig. Sie möchten das ändern.

Lösungstipp

Formulieren Sie sowohl die aktuelle Situation als auch das Ziel und Ihre Maßnahme möglichst konkret!

Lösung

1 20 Prozent aller Mitarbeiter leiden unter Rückenschmerzen. Unser Ziel muss es sein, unsere Belegschaft langfristig arbeitsfähig zu halten. Deswegen schlage ich vor, Kurse zur Rückenschule bei uns im Haus anzubieten.

2 Wie Sie bestimmt bemerkt haben, sind unsere Besprechungen in letzter Zeit oft unstrukturiert und wenig lösungsorientiert. Das Ziel ist, die Besprechungen möglichst effektiv zu gestalten, um Zeit und Geld zu sparen. Ich schlage deswegen vor, dass wir uns auf Spielregeln für unsere Meetings einigen.

3 Liebe Kollegen, inzwischen hat auch der Chef mitbekommen, dass sich die Beschwerden unserer Kunden häufen, wir seien oft unhöflich. Ich finde auch, dass die Stimmung hier in letzter Zeit sehr gereizt ist. Ich wünsche mir, dass wir hier alle wieder Spaß bei der Arbeit haben. Deswegen finde ich ein Teamcoaching eine gute Sache.

4 Wir hatten ja vereinbart, dass jeder sein Geschirr selbst spült. Irgendwie klappt das nicht und es sieht seit Wochen wieder furchtbar aus in der Küche. Ich möchte es hier wirklich wohnlich und aufgeräumt haben. Deswegen schlage ich vor, dass wir einen Wochenplan einführen, in dem jeweils einer eine Woche lang für die Ordnung in der Küche verantwortlich ist.

> Logisches Argumentieren können Sie auch trocken üben: an der roten Ampel oder an der Supermarktkasse, im Zugabteil, beim Zeitung lesen ...

Diskussionsbeitrag II **Übung 49**
🕐 6 min

Wenn Sie sich etwas ausführlicher zu Wort melden wollen, eignet sich als Argumentationsmuster die 5-Satz-Methode:

- Einstieg (persönlicher Bezug, Anlass …)
- Wie ist es? / Situationsbeschreibung
- Was soll sein? / Zielformulierung
- Wie kommen wir dahin? / Maßnahmenkatalog
- Das will ich von euch! / Aufforderung

Dieses Schema trainieren Sie nun. Stellen Sie sich folgende Situationen vor und formulieren Sie (mündlich oder schriftlich) einen Diskussionsbeitrag:

1 Sie sind Mitglied im Gemeinderat und wollen sich für einen neuen Kinderspielplatz in Ihrem Wohngebiet engagieren. Sie haben selbst zwei Kinder.

2 Sie sind in Ihrem Projekt für das Budget verantwortlich. Kollege Franck schlägt vor, einen neuen Drucker zu kaufen, der jedoch sehr teuer ist. Sie sind der Meinung, dass das in Anbetracht der zu bedruckenden Medien nicht notwendig ist.

3 Sie diskutieren im Kollegenkreis, was Sie einem Kollegen, der heiratet, schenken. Die meisten wollen Geld sammeln. Sie finden das zu unpersönlich und plädieren für einen Luxus-Sonnenschirm, weil Sie wissen, dass der Bräutigam sich einen für die Terrasse wünscht.

Lösung

1 Wie Sie wissen, wohne ich selbst im Wohngebiet Wasserturm und habe zwei kleine Kinder. Im Moment ist die Situation dort sehr schwierig. Die meisten Eltern müssen ihre Kinder ins Auto packen, um zu einem Spielplatz zu kommen. Unser Ziel muss es sein, alle Wohngebiete in der Stadt auch und gerade für Familien mit Kindern attraktiv zu machen. Spielplätze sind dafür eine Grundvoraussetzung. Deswegen fordere ich Sie auf, für den Bau des Spielplatzes zu stimmen.

2 Ich bin in diesem Projekt verantwortlich für das Budget und prüfe deswegen genau, welche Hardware wir brauchen. Der Kollege Franck hat vorgeschlagen, den Drucker „Perfekt" anzuschaffen. Unser Ziel ist ja, das Projekt möglichst kostensparend abzuschließen. Ich habe ausgerechnet, dass sich das für unser Projekt nicht rentiert. Um trotzdem bestmögliche Ergebnisse zu erzielen schlage ich vor zu prüfen, ob wir für die wichtigen Materialen den Drucker aus der Nachbarabteilung nutzen können.

3 Der Kollege Glücklich heiratet ja nächsten Monat. Viele von euch würden als Geschenk gerne Geld überreichen. Wie ihr wisst, habe ich selbst erst kürzlich geheiratet, und mir ging es so, dass Geschenke viel mehr Freude bereiten. Außerdem weiß ich, dass Glücklich sich einen Sonnenschirm wünscht. Ich schlage deswegen vor, ihm den zu schenken und biete mich auch an, ihn zu besorgen.

Hartnäckig in jeder Situation

Vor dem Chef nicht einknicken

Übung 50
⏱ 5 min

Gegenüber dem eigenen Vorgesetzten etwas durchzusetzen, ist nicht einfach – die Druckmittel sind beschränkt und mit drastischen Maßnahmen wie Arbeitsverweigerung schadet man nur sich selbst. Reiner Befehlsempfänger aber sind Sie auch nicht. Wie also können Sie hartnäckig bleiben, ohne den Status Ihres Vorgesetzten zu verletzen? Versetzen Sie sich in die zwei folgenden Situationen und notieren Sie, welche Maßnahmen Sie ergreifen würden.

1 Sie haben Ihren Chef gebeten, Ihnen zu einer Präsentation Feedback zu geben. Nach zwei Wochen haben Sie immer noch keine Rückmeldung.
2 Sie haben eine neue Führungsposition angetreten. Seit neun Monaten sind Sie schon in Amt und Würden, allein der Vertrag und damit auch das Geld bleiben aus. Also haben Sie schon mehrmals beim Geschäftsführer nachgehakt – erfolglos! Langsam verlieren Sie die Geduld.

Lösungstipps

Diplomatie oder Druck? Bei Aufgabe 1 haben Sie wohl kaum ein Druckmittel zur Verfügung. Hier hilft Ihnen am ehesten eine schlüssige Nutzenargumentation: Was hat Ihr Chef davon, Ihnen Feedback zu geben? Im zweiten Fall haben Sie womöglich echte Sanktionsmittel zur Verfügung.

Lösung

1 Fragen Sie den Chef, wann er Ihnen das Feedback geben möchte. Erklären Sie ihm, warum dies für Sie wichtig ist – und was er davon hat (Ihre Motivation steigt, Sie arbeiten an Ihren Schwächen usw.). Ansonsten überlegen Sie sich eine Alternative (Übung 40): Klappt es dieses Mal nicht, vereinbaren Sie eine andere Präsentation, bei der Sie schon im Vorfeld auf die Punkte hinweisen, zu denen Sie Feedback haben wollen. Erinnern Sie Ihren Chef vorher an den Termin!

2 Wenn Sie nur alle vier Wochen freundlich fragen, wie es mit dem Vertrag aussieht, machen Sie es Ihrem Gegenüber sehr leicht, Ihnen zu entwischen. Seien Sie also hartnäckig: Steigern Sie die Frequenz Ihrer Nachfragen, bitten Sie um verbindliche Termine, lassen Sie sich diese schriftlich bestätigen. In dieser Position können Sie durchaus Druckmittel einsetzen: Arbeiten Sie einen Vertragsentwurf aus und legen Sie diesen zur Unterschrift vor. Passiert dann immer noch nichts, setzen Sie sich innerlich eine Deadline: Bis wann sind Sie bereit zu warten? Welche Konsequenzen sind Sie dann bereit zu ziehen? Leiten Sie dann erste Schritte ein (z. B. Androhen der Kündigung, Bewerbung in anderer Firma).

> Kinder können besonders hartnäckig sein. Zwanzig Mal fragen sie nach einem Eis. Nicht, dass ich Sie zum Quengeln motivieren möchte – aber ein Quäntchen dieser Hartnäckigkeit tut unserem Durchsetzungsvermögen durchaus gut.

Eskalieren Sie! Übung 51
⏱ **5 min**

In Übung 27 ging es bereits um das Thema: Sie sind auf die Zusammenarbeit mit einem Kollegen angewiesen, die dieser verweigert. Welche Maßnahmen würden Sie in folgenden Fällen ergreifen?

1 Sie wollen mit einem Kollegen verbindliche Absprachen zur Aufgabenverteilung treffen. Er hat immer wieder neue Ausflüchte: „Keine Zeit", „wichtiges Projekt", „keine Nerven".
2 Sie wollen von einem internen Projektpartner einen regelmäßigen Statusbericht haben. Dieser ziert sich.
3 Ihr Partner hat zugesagt, sich um den Wasserhahn zu kümmern. Seit drei Wochen tropft er jetzt.
4 Sie sollen sich mit Herrn Rank, einem Zulieferer Ihres Hauptkunden Asmus, absprechen. Rank ist seit Tagen nicht erreichbar.

Lösungstipp

Wenn Sie auf dem „kleinen Dienstweg", also mit einer persönlichen Aussprache nicht weiter kommen, überlegen Sie, wo die Entscheidungsmacht tatsächlich liegt, und wagen Sie es, sich an diese Stelle(n) zu wenden. Dieses Vorgehen nennt man „eskalieren". Es hat nichts mit Petzen zu tun – sondern ist einfach die letzte Maßnahme, die Sie ergreifen können, um einen effektiven Gang Ihrer Geschäfte zu gewährleisten.

Lösung

Hier einige Vorschläge – vielleicht haben Sie auch andere Möglichkeiten gefunden.

1. Erklären Sie dem Kollegen das Ziel Ihrer Absprache. Schlagen Sie ihm einen Termin oder mehrere Alternativen vor. Führen diese Maßnahmen nicht zum Erfolg, bitten Sie ihn um einen Vorschlag. Haken Sie in immer kürzer werdenden Abständen nach. Scheuen Sie nach wiederholter Vermeidung eines Treffens mit Ihnen nicht die Eskalation!

2. Setzen Sie dem Projektpartner verbindliche Termine für den Statusbericht. Liegt der Bericht am festgelegten Tag nicht vor, haken Sie sofort nach. Sie können ihn auch zwei bis drei Tage vorher an den bevorstehenden Termin erinnern. Scheuen Sie sich bei wiederholter Verweigerung nicht, den Fall zu eskalieren.

3. Hier ist es wichtig, dass Sie nicht anfangen zu quengeln oder zu nörgeln. Erklären Sie Ihrem Partner, warum Ihnen die Reparatur wichtig ist. Fragen Sie ihn, wann er Zeit hat, sie durchzuführen. Oder bieten Sie ihm als Alternative an, einen Klempner zu holen.

4. Hinterlassen Sie auf unterschiedlichen Wegen die Nachricht, dass Herr Rank Sie dringend zurückrufen möge. Dokumentieren Sie diese Nachrichten. Informieren Sie dann möglichst bald Herrn Asmus und stimmen Sie mit ihm gemeinsam das weitere Vorgehen ab.

Effektiv anweisen und delegieren

Übung 52
🕐 **5 min**

Wo Sie weisungsbefugt sind oder über Sanktionsmittel verfügen, müssten Sie sich eigentlich leicht durchsetzen können – oder? Welche Maßnahmen erscheinen Ihnen geeignet, um sich gegen folgende Blockaden zu wehren?

1. Einer Ihrer Mitarbeiter kommt regelmäßig um 9.30, obwohl die Kernarbeitszeit um 9.00 Uhr beginnt. Das können und wollen Sie schon im Hinblick auf alle anderen Mitarbeiter nicht weiter akzeptieren – auch wenn der Zuspätkommer fachlich hoch qualifiziert ist.

2. Sie haben als Vertrauenslehrer an einer Berufsschule in Abstimmung mit der Schulleitung und der Schülermitverwaltung eine Aktion organisiert: Am letzten Schultag soll jeder Schüler vier Stunden eine soziale Arbeit verrichten, für die er 20 Euro bekommt. Das Geld wird an eine Schule in Afrika gespendet. Einzelne Schüler haben keine Lust auf die Aktion, erfinden Ausreden oder diskutieren mit Ihnen den Sinn dieser Arbeit.

3. Sie haben Ihre Kinder gebeten, einmal pro Woche einkaufen zu gehen. Nachdem dies zwei Wochen geklappt hat, lässt die Disziplin merklich nach.

Lösungstipp

Achten Sie auch bei Personen, die unter Ihnen stehen, darauf, keine unfairen Methoden anzuwenden. Rechtliche Rahmenbedingungen allerdings (z. B. des Arbeitsrechts) sollten Ihrer Phantasie Grenzen setzen!

Lösung

1 Bitten Sie den Mitarbeiter zu einem Gespräch. Teilen Sie ihm mit, dass Sie von nun an nicht mehr bereit sind, sein Verhalten zu dulden. Halten Sie dies in einer Zielvereinbarung fest. Erläutern Sie ihm die Konsequenzen, die künftiges Fehlverhalten haben wird (Abmahnung usw.). Signalisieren Sie glaubhaft, dass Sie bereit sind, bis zur Kündigung zu gehen. (Ahnt der Mitarbeiter, dass Sie ihm deswegen nie kündigen würden, stehen Ihre Chancen allerdings schlecht. Nehmen Sie dann lieber Abstand von Ihrem Konzept der Kernarbeitszeit.)

2 Zwingen können Sie die Schüler wahrscheinlich rein rechtlich nicht. Erklären Sie daher allen noch einmal den Nutzen der Abmachung. Oder verzichten Sie auf weitere Diskussionen und zeigen Sie auf, welche Konsequenzen eine Verweigerung nach sich zieht (Verweigerer schließen sich aus der Gruppe aus, es kommt weniger Geld zusammen, wer nicht mitmacht, muss in eine andere Klasse gehen oder einen Aufsatz schreiben). Die Konsequenzen sollten dann aber auch eintreten!

3 Erinnern Sie Ihre Kinder an die Vereinbarung und machen Sie ihnen klar, wie ernst es Ihnen damit ist. Vereinbaren Sie konkrete Tage. Kündigen Sie ansonsten Konsequenzen an – aber solche, die glaubhaft erscheinen.

Erfolge feiern – Selbstvertrauen gewinnen

Würdigen und feiern Sie Ihre Erfolge!

Übung 53
2 min

In unserer Kultur werden Erfolge oft als selbstverständlich betrachtet, Misserfolge hingegen überbewertet. Wenn Sie 98 % Ihrer Arbeit sehr gut machen und 2 % schief gehen – worauf liegt der Fokus im Umgang mit Chef, Mitarbeitern und Kollegen? Dieser eher problemorientierte Ansatz ist auf Dauer wenig motivierend, um nicht zu sagen äußerst demotivierend. Ihr Selbstwertgefühl und Selbstbewusstsein werden dadurch bestimmt nicht gestärkt.

Da Sie auf das Anerkennungsverhalten Ihres Umfelds kurzfristig aber keinen direkten Einfluss haben, ist es am besten, wenn Sie sich selbst immer wieder Gedanken machen, wie Sie sich für kleine und große Erfolge belohnen können.

Stellen Sie jetzt eine Liste mit Möglichkeiten zusammen, wie Sie sich in Zukunft belohnen können.

Lösungstipp

Denken Sie nicht nur an Konsum, sondern an alles, was Ihr Wohlbefinden steigert und Ihren Energiehaushalt aufpäppelt.

Lösung

Schöne Belohnungen sind zum Beispiel:

- Sie machen ausnahmsweise pünktlich Feierabend und gönnen sich einen schönen Spaziergang.
- Sie nehmen sich einen Babysitter und laden Ihren Liebsten/Ihre Liebste zum Essen ein.
- Sie kaufen sich eine Uhr, um die Sie schon lange herumschleichen, die Ihnen aber immer etwas zu teuer war.
- Sie lassen einen Abend allen Sozialstress außen vor, stecken das Telefon aus, lassen sich eine Wanne einlaufen und verziehen sich bei Kerzenschein ins Bad.
- Normalerweise sind Sie auf Diät? Macht nichts: Feiern Sie ein realisiertes Ziel, indem Sie die besten Pralinen kaufen, die Sie finden, und verspeisen Sie sie ganz genüsslich!
- Sie haben sich bei einer Präsentation gegen die Konkurrenz durchgesetzt? Gratulation! Laden Sie alle, die an dem Erfolg mitgewirkt haben, auf einen kleinen Umtrunk ein!
- Große Erfolge verdienen große Belohnungen: Ein Wochenende auf der Wellness-Farm mit der besten Freundin, ein einsamer Angelurlaub, eine besonders teure Flasche Wein, eine große Party mit allen Freunden ...

Praxistipp

Manchmal ist es schon ein Erfolg, etwas gewagt zu haben, was Sie noch nie gewagt hatten! Belohnen Sie sich dafür!

Keine Angst vor Eigenlob   Übung 54
🕐 5 min

Irgendjemand hat es uns in unserer Kindheit eingebläut: Eigenlob stinkt. Fakt jedoch ist, dass unser Selbstmarketing entscheidend dazu beiträgt, wie man uns wahrnimmt, was man uns zutraut und damit auch, wie gut wir uns durchsetzen. Finden Sie einen Weg, eigene Erfolge zu kommunizieren, zum Beispiel in folgenden Situationen:

1. Sie haben für den Kunden Knifflig eine individuelle Lösung entwickelt, mit der dieser höchst zufrieden ist. Damit ist er noch fester an die Firma gebunden. Wie holen Sie sich Anerkennung beim Chef ab?
2. Sie haben bei einem Vortrag auch die kritischen Geister für sich gewinnen können. Viele sind danach auf Sie zugekommen und haben ihre Begeisterung ausgedrückt. Berichten Sie dem Geschäftsführer, Herrn Mächtig.
3. Sie haben einen Lieferanten, der für seine Verzögerungstaktik bekannt ist, auf einen anstehenden Termin festgenagelt. Das erspart Ihrer Firma eine Vertragsstrafe. Die Einkaufsleiterin Frau Speer sollte das wissen.
4. Sie haben beim Möbelkauf einen Rabatt in Höhe von 15 % herausgehandelt, was Sie viel Überwindung gekostet hat. Sagen Sie es Ihrem Partner/Ihrer Partnerin.
5. Als ein Projektleiter zum wiederholten Mal Ressourcen aus Ihrer Abteilung abziehen wollte, haben Sie klar „Nein" gesagt und damit ein eigenes Projekt gerettet. Berichten Sie Ihrem Chef davon.

Lösung

Einige Vorschläge, wie Sie Ihren Erfolg am besten verkaufen können:

1 Hallo Chef, wie Sie wissen, war ich gestern beim Kunden Knifflig. Ich habe ihm eine maßgeschneiderte Lösung erarbeitet. Er war damit sehr zufrieden und hat angekündigt, auch in Zukunft wieder auf uns zuzukommen.

2 Ach hallo, Herr Mächtig, weil ich Sie gerade sehe: Ich hab doch gestern den Vortrag vor den Mitgliedern der Bäuerle AG gehalten. Im Vorfeld wurde mir angekündigt, dass die Teilnehmer unserem Produkt sehr kritisch gegenüber stünden. Es kamen auch sehr skeptische Zwischenfragen. Darauf war ich natürlich schon vorbereitet – und so blieb kein Einwand stehen. Von den meisten Zuhörern hab ich ein sehr positives Feedback bekommen.

3 Frau Speer, wir hatten uns ja kürzlich über den Lieferanten unterhalten, der regelmäßig zu spät liefert. Ich habe mich jetzt dahinter geklemmt und ihn zu der verbindlichen Zusage bewegt, in Zukunft pünktlich zu liefern. Dadurch sparen wir uns die drohende Vertragsstrafe.

4 Du weißt doch, dass ich immer so Skrupel habe, zu verhandeln. Heute habe ich aber all meinen Mut zusammen-

genommen und für unser neues Sofa 15 % herausgehandelt. Das sind fast 300 Euro – ist das nicht großartig?

5 Hallo Chef, weil ich Sie gerade treffe: Herr Eilig wollte heute mal wieder drei Mitarbeiter von uns abziehen. Ich habe das ganz klar abgelehnt. Unser Projekt geht doch vor, oder?

Literaturverzeichnis

Asgodom, S.: Eigenlob stimmt. Erfolg durch Selbst-PR, Düsseldorf 2003

Branden, N.: Die sechs Säulen der Selbstachtung, in: Psychologie heute, 11/1994, S. 27

Fisher, R., Ury, W., Patton, B. u. a.: Das Harvard-Konzept. Sachgerecht verhandeln – erfolgreich verhandeln, Jubiläumsausgabe, Frankfurt / Main 2009

Jandt, F.: Konfliktmanagement. Wie beide Seiten gewinnen können, München 1994

Lehner, B.: Selbstsicher werden, Weinheim und Basel 1996; Selbstsicher handeln, Weinheim und Basel 1996

Lürssen, J.: Die heimlichen Spielregeln der Karriere, Frankfurt / Main 2010

Maaß, E., Ritschl, K.: Coaching mit NLP, Paderborn 2005

Seiwert, L. J.: Wenn Du es eilig hast, gehe langsam, Sonderausgabe, Frankfurt / Main 2012

Wagner-Link, A.: Kommunikation als Verhaltenstraining. Arbeitsbuch für Therapeuten, Trainer und zum Selbsttraining, München 2001

Stichwortverzeichnis

Abwehr 24, 83, 99 ff.
Aktions-Umfeld 110
Aktiv zuhören 57, 87, 91, 161, 198, 232
Alternativen finden 217 f.
Anerkennung 17 f.
Angriffe 197 ff.
Ängste 39, 79
Anweisen 241 f.
Argumentation 56, 59 ff., 77, 79 f., 173, 233 ff.

Bedürfnisse 14, 18 ff., 141 ff., 223
Begrüßung 115 f.
Besprechungen 120 ff., 177 f.
Bestandsaufnahme, berufliche 117
Beziehungsebene 45, 60, 93
Beziehungspflege 124
Bezugsrahmen 53 ff., 69, 77 f.
Botschaften, schwächende 14 f., 19 ff.

Chef 193, 237 f.

Delegieren 241
Denkmuster 130, 133 f.
Drei-Satz-Methode 233
Druck 201 f.
Durchsetzungsfähigkeit 8 ff., 14, 31
Durchsetzungstyp 42 f.

Eindruck, erster 113
Einladung 23, 36, 62, 64
Einwände 97 ff., 161 f., 221
Entscheidungen 219 f.
Erfolge 243 ff.
Erlaubnis 15, 105
Erpressung 132
Eskalation 146, 183 ff., 239 f.
Etikette 116

Feedback 46, 83, 96
Forderungen 67, 80 f., 95, 227 f.
Fragen 58, 147 ff.
Frauenfeindlichkeit 205 f.

Gefühle 135, 137 ff., 142, 157

Gegendruck 137
Gesprächsstrategie 75
Gesprächsziele 76, 83, 220
Grenzen setzen 62, 103 ff.
Grundposition 24 ff., 60, 101

Hartnäckigkeit 237 ff.
Hierarchien 191 ff.

Ich-Botschaft 51 f., 64, 84, 165 f.
Interessen 18 ff., 74 f., 89 ff.

Ja-Sage-Fallen 103 f.
Judotechnik 201 f.

Killerphrasen 142, 154
Kleidung 114 f.
Kommunikation 146 ff.
Kommunikationsstörung 50 f.
Konflikte 183 f.
Körperhaltung 140
Körpersprache 46 f., 70 ff., 115
Kritik 82 ff., 86 ff., 163 f.

Loyalität 123

Machtspiele 187 f.
Manipulation 132
Meta-Ebene 203 f.
Moderation 177 ff.

Nachricht, vier Seiten 48 f., 57
Nein sagen 35, 66 ff., 104 ff., 223 f.
Networking 122 ff.
Nutzen 69, 91
Nutzenargumente 173 ff.

Outfit 114 f.

Paraphrasieren 57, 69, 95, 151 f.
Persönlichkeits-Portfolio 107
positiv Sprechen 167 f.
Power-Talking 229 f.
Präsenz 231 ff.
Privatsphäre 123

Rangfolgen 116
Rapport 60 ff.

Sachebene 44, 93
Schlagfertigkeit 199 f., 207 f.
Selbstdarstellung 108 ff.
Selbstlob 245 f.
Selbstwertgefühl 12, 16, 39
Situationen, schwierige 92 ff.
Smart-Formel 79, 215 f.
Souveränität 44, 71
Standpunkt 225 f.
Stärken 18, 109 ff.
Strategie 112 f.
Stufenplan 189 f.

Titel, akademische 117

Übersicherheit 12 ff., 72 ff.
Überzeugungsformeln 176

Unterbrechungen 187 f.
Untersicherheit 12 ff., 72 ff.

Verantwortung 191 f.
Verbalisieren 57
Verhandeln 88 ff., 132, 146, 169 ff.
Verneinung 35, 104 ff., 223 f.
  - positiv formulieren 37, 66 ff.

Werbung 108 ff.
Win-win-Situation 171 f.
Wirkung 107 ff.

Ziele 29 ff., 71, 217 ff.
  - SMART-Formel 37 f.
  - Vision 30 f.
Zielgruppenprofil 111

Bibliografische Information der Deutschen Nationalbibliothek
Die Deutsche Nationalbibliothek verzeichnet diese Publikation in der Deutschen Nationalbibliografie; detaillierte bibliografische Daten sind im Internet über http://www.dnb.de abrufbar.

Print: ISBN 978-3-648-03803-1   Bestell-Nr. 00989-0002
ePDF: ISBN 978-3-648-03804-8   Bestell-Nr. 00989-0151

2., aktualisierte Auflage 2013

© 2013, Haufe-Lexware GmbH & Co. KG, Munzinger Straße 9, 79111 Freiburg
Redaktionsanschrift: Fraunhoferstraße 5, 82152 Planegg
Fon (0 89) 8 95 17-0, Fax (0 89) 8 95 17-2 50
E-Mail: online@haufe.de
Internet: www.haufe.de
Redaktion: Jürgen Fischer
Redaktionsassistenz: Christine Rüber

Alle Rechte, auch die des auszugsweisen Nachdrucks, der fotomechanischen Wiedergabe (einschließlich Mikrokopie) sowie der Auswertung durch Datenbanken oder ähnliche Einrichtungen vorbehalten.

Umschlaggestaltung: Kienle gestaltet, 70178 Stuttgart
Umschlagentwurf: Agentur Buttgereit & Heidenreich, 45721 Haltern am See
Druck: freiburger graphische betriebe, 79108 Freiburg

Zur Herstellung der Bücher wird nur alterungsbeständiges Papier verwendet.

Die Autorinnen

Susanne Dölz

Dipl.-Päd. mit systemischen und psychologischen Zusatzausbildungen, seit 1993 Trainerin im Wirtschaftsbereich. Schwerpunkte: Kommunikation, Konfliktmanagement und Coaching. Mit ihrem Unternehmen DAS PROFIL bietet sie ein Expertenteam für Organisations- und Personalentwicklung an.
Kontakt: kontakt@das-profil.com
Von ihr stammt der erste Teil dieses Buches (Seite 7-125).

Carmen Kauffmann

M.A. der Rhetorik und Kulturwissenschaft, systemische Beraterin und Coach, Trainerin von Mitarbeitern, Führungskräften und Teams. Schwerpunkte: Rhetorik, Präsentation, Moderation, soziale Kompetenz und Führung. Zu den Kunden ihres Instituts „Coaching und Kommunikation" gehören namhafte Unternehmen. Kontakt: mail@carmen-kauffmann.de
Von ihr stammt der zweite Teil dieses Buches (Seite 127-247).

Weitere Literatur

„Psychologie für Führungskräfte", von Boris von der Linde und Anke von der Heyde, 214 Seiten mit CD-ROM, € 24,95.
ISBN 978-3-648-00337-4, Bestell-Nr. 00295

„Mit Druck richtig umgehen" von Friedel John und Gabriele Peters-Kühlinger, 128 Seiten. € 6,90,
ISBN 978-3-648-00849-2, Bestell-Nr. 00818

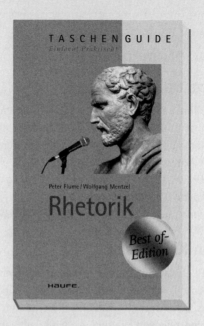

Frei und überzeugend sprechen

Ob im Beruf oder privat – ein guter Vortrag schafft Vertrauen und Sympathie. Dieser TaschenGuide unterstützt Sie und zeigt, wie Sie Ihr Lampenfieber beherrschen und Ihr Publikum fesseln!

€ 8,95 [D]
256 Seiten
ISBN 978-3-648-02714-1
Bestell-Nr. E00991

Jetzt bestellen!
www.haufe.de/bestellung
oder in Ihrer Buchhandlung

Tel. 0180-50 50 440; 0,14 €/Min. aus dem deutschen Festnetz;
max. 0,42 €/Min. mobil. Ein Service von dtms.

Die Welt der TaschenGuides auf einer App!

 → Der direkte Weg zur kostenlosen App über Ihr iPhone

In der TaschenGuide-App finden Sie eine Übersicht über alle TaschenGuides. Kostenlos im App Store.

Haufe TaschenGuides
Kompakte Informationen zum kleinen Preis

Der Betrieb in Zahlen

- ABC des Finanz- und Rechnungswesens
- Balanced Scorecard
- Betriebswirtschaftliche Formeln
- Bilanzen
- BilMoG
- Buchführung
- Businessplan
- BWL Grundwissen
- BWL kompakt
- Controllinginstrumente
- Deckungsbeitragsrechnung
- Einnahmen-Überschussrechnung
- Englische Wirtschaftsbegriffe
- Finanz- und Liquiditätsplanung
- Finanzkennzahlen und Unternehmensbewertung
- Formelsammlung Betriebswirtschaft
- Formelsammlung Wirtschaftsmathematik
- IFRS
- Kaufmännisches Rechnen
- Kennzahlen
- Kontieren und buchen
- Kostenrechnung
- So funktioniert die Wirtschaft
- Statistik
- VWL Grundwissen

Mitarbeiter führen

- Besprechungen
- Delegieren
- Checkbuch für Führungskräfte
- Führungstechniken
- Die häufigsten Managementfehler
- Management
- Mitarbeitergespräche
- Moderation
- Motivation
- Neu als Chef
- Projektmanagement
- Spiele für Workshops und Seminare
- Teams führen
- Workshops
- Zielvereinbarungen und Jahresgespräche

Karriere

- Assessment Center
- Existenzgründung
- Gründungszuschuss
- Jobsuche und Bewerbung
- Vorstellungsgespräche

Geld und Specials

- Sichere Altersvorsorge
- Börse
- Energie sparen im Haushalt
- Geldanlage von A-Z
- Immobilien erwerben
- Immobilienfinanzierung
- Eher in Rente

Persönliche Fähigkeiten

- Ihre Ausstrahlung
- Burnout
- Business-Knigge
- Mit Druck richtig umgehen
- Emotionale Intelligenz
- Entscheidungen treffen
- Gedächtnistraining
- Gelassenheit lernen
- IQ – Tests
- Knigge für Beruf und Karriere
- Kreativitätstechniken
- Lerntechniken